架构师书库

现代企业架构

基于复杂适应系统的架构模式

［美］约翰·D. 麦克道尔（John D. McDowall）著
黄凯 华龙宇 谭梦迪 张翔 译

COMPLEX ENTERPRISE ARCHITECTURE
A New Adaptive Systems Approach

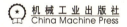

机械工业出版社
China Machine Press

图书在版编目（CIP）数据

现代企业架构：基于复杂适应系统的架构模式 /（美）约翰·D. 麦克道尔（John D. McDowall）著；黄凯等译 . -- 北京：机械工业出版社，2022.1

（架构师书库）

书名原文：Complex Enterprise Architecture: A New Adaptive Systems Approach

ISBN 978-7-111-70097-5

I. ①现… II. ①约… ②黄… III. ①企业管理 - 研究 IV. ①F272

中国版本图书馆 CIP 数据核字（2022）第 022664 号

本书版权登记号：图字 01-2020-7228

First published in English under the title:

Complex Enterprise Architecture: A New Adaptive Systems Approach

by John D. McDowall.

Copyright © 2019 by John D. McDowall

This edition has been translated and published under licence from Apress Media, LLC, part of Springer Nature.

Chinese simplified language edition published by China Machine Press, Copyright © 2022.

本书原版由 Apress 出版社出版。

本书简体字中文版由 Apress 出版社授权机械工业出版社独家出版。未经出版者预先书面许可，不得以任何方式复制或抄袭本书的任何部分。

现代企业架构：基于复杂适应系统的架构模式

出版发行：机械工业出版社（北京市西城区百万庄大街 22 号　邮政编码：100037）

责任编辑：王春华　刘　锋

责任校对：殷　虹

印　　刷：北京铭成印刷有限公司

版　　次：2022 年 3 月第 1 版第 1 次印刷

开　　本：147mm×210mm　1/32

印　　张：6.5

书　　号：ISBN 978-7-111-70097-5

定　　价：69.00 元

客服电话：（010）88361066　88379833　68326294　　投稿热线：（010）88379604

华章网站：www.hzbook.com　　　　　　　　　　　　读者信箱：hzjsj@hzbook.com

版权所有·侵权必究

封底无防伪标均为盗版　　本书法律顾问：北京大成律师事务所　韩光 / 邹晓东

Preface 前言

信息系统架构始于 1987 年，John Zachman 首次发布他的架构框架。从那时起，虽然也发布了许多其他架构框架，但其中大多数都是最初 Zachman 框架的直接派生产物。随着企业对大量信息系统的合并，管理者认识到了跨多个系统协调开发工作的必要性，系统架构框架作为企业架构框架被重新应用。

自 1987 年以来，信息系统的格局发生了重大的变化。企业过去只需要维护几个集中管理的系统开发工作，现在则需要维护几十或几百个独立的开发工作。瀑布式开发模型已经让位于敏捷式开发模型和 DevOps。系统架构框架显然没有体现企业架构应该体现的价值。

这并不是说传统的架构框架已经过时了，或者需要进行大规模的修改。恰恰相反，现在是时候认识到企业架构与信息系统架构是不同的模式了，因此企业架构需要一种不同的设计方法。

企业架构的目的不是设计信息系统，而是帮助组织达到既定的业务目标。传统架构框架的设计目的是帮助创建信息系统，其出发点是假设人们可以完全理解构成现代企业的所有元素之间的复杂交互。

这是一本关于企业架构的不同思考方式和不同建模方法的书。复杂系统工程领域认识到，即使是中等规模的系统集合，其相互作用的方式也不能被人们完全理解或准确预测。通过将企业视为一个复杂系统，可以利用复杂系统的各种行为来为我们工作。

Acknowledgements 致 谢

首先，感谢 Gerhard Beck，他的口号"架构无用，解雇所有的架构师"是这本书的灵感来源。他提出的想法很有价值，对我有极大的指导意义。

还要感谢 Susan Farley 博士同意担任这本书的技术审校者。她敏锐的洞察力和对细节的关注是确保内容能够清晰呈现的关键。

感谢 Apress Media 的工作人员，尤其是流程编辑 Rita Fernando，她用饱含善意的专业态度指导一位首次写书的作者完成了写作和校订的工作。

最后，感谢我的妻子 Michele，是她的支持使这本书得以出版。

关于作者 About the Author

John D. McDowall 是企业信息系统和数据分析系统架构、设计、集成和测试方面的专家，还从事架构和系统工程领域的独立研究工作。John 目前是美国国防部多个主要系统的首席架构师，拥有超过 20 年的相关工作经验。多年来，他深入地了解了什么在企业架构中起作用，什么不起作用。他在这本书中阐述了这种方法，这是他在解决实际问题的过程中逐渐积累的经验。他认为这种方法将适用于许多其他的企业架构工作。

John 从美国海军学院毕业后，在美国海军陆战队服役了 11 年，担任过各种职位。离开军队后，他作为承包商从事 IT 系统的开发和集成工作，为后勤、指挥和控制（C2）、情报等部门的各种项目服务。在此期间，他获得了信息技术专业博士学位。John 还是乔治梅森大学计算机科学系的兼职教授。他的博客地址是 http://jmcdowall.org/。

About the Reviewer 关于技术审校者

Susan Farley 博士从事软件和数据库开发工作已超过 20 年，发表了几篇关于决策支持系统的论文。她在佐治亚大学获得了计算机科学和数学专业学士学位，在欧道明大学获得了建模和仿真专业硕士学位，在乔治梅森大学获得了信息技术专业博士学位。她扩展了结构化查询语言（SQL），允许用户生成和查询随机属性，并设计了算法来对它进行优化。她和她的丈夫、女儿以及一只爱惹麻烦的猫住在弗吉尼亚。她喜欢摄影。

目 录 Contents

前言
致谢
关于作者
关于技术审校者

第1章　企业架构的实践 ··· 1
1.1　企业架构的失败 ·· 1
1.2　架构框架的起源 ·· 4
1.3　企业架构的重新思考 ······································ 9
1.3.1　敏捷实现 ·· 10
1.3.2　指导企业 ·· 11
1.3.3　与系统架构的关系 ·································· 14
1.4　总结 ·· 15

第2章　复杂适应系统概述 ······································· 17
2.1　复杂适应系统 ·· 18
2.1.1　复杂适应系统案例 ·································· 18

2.1.2 Sugarscape 模型 22
2.1.3 经济学与企业架构 24
2.2 适应系统与企业架构 26
2.2.1 专注于目标 28
2.2.2 规则和约束 31
2.2.3 利用涌现行为 39
2.3 总结 43

第3章 企业架构框架概述 45

3.1 模型 46
3.1.1 简单案例 47
3.1.2 对什么建模 49
3.2 主要对象 53
3.2.1 目标 53
3.2.2 策略 57
3.2.3 参与者 58
3.2.4 流程 59
3.2.5 数据 60
3.3 次要对象 62
3.3.1 系统 63
3.3.2 行为 65
3.3.3 环境 66
3.3.4 标准 68
3.4 总结 70

第4章 主要对象 73

4.1 目标 74

4.1.1 企业目标 ··· 76
　　　4.1.2 架构目标 ··· 78
　4.2 策略 ··· 82
　4.3 流程 ··· 84
　　　4.3.1 流程案例 ··· 86
　　　4.3.2 必要流程 ··· 89
　4.4 参与者 ··· 91
　4.5 数据 ··· 92
　　　4.5.1 语法和语义 ··· 94
　　　4.5.2 数据建模 ··· 95
　4.6 总结 ··· 99

第 5 章 次要对象 ·· 103
　5.1 行为 ··· 104
　　　5.1.1 捕获行为 ··· 107
　　　5.1.2 记录行为 ··· 110
　5.2 环境 ··· 112
　　　5.2.1 基础设施环境 ··· 113
　　　5.2.2 组织环境 ··· 115
　　　5.2.3 系统环境 ··· 116
　5.3 系统 ··· 119
　　　5.3.1 单片系统 ··· 120
　　　5.3.2 组件系统 ··· 121
　5.4 标准 ··· 123
　　　5.4.1 法律上的标准 ··· 124
　　　5.4.2 事实上的标准 ··· 126
　5.5 总结 ··· 128

第 6 章 企业架构建模 ································ 131
6.1 动态企业架构 ································ 132
6.1.1 由细节确定边界 ······················ 134
6.1.2 由时间确定边界 ······················ 139
6.2 创建模型 ···································· 143
6.2.1 建模语言 ····························· 145
6.2.2 建模工具 ····························· 153
6.2.3 模型尺寸 ····························· 154
6.3 变更控制 ···································· 156
6.4 总结 ··· 158

第 7 章 可衡量的重要性 ···························· 161
7.1 测试 ··· 165
7.1.1 测试驱动开发 ························ 166
7.1.2 运行测试 ····························· 168
7.2 持续的监控 ································ 171
7.2.1 项目组合管理 ························ 173
7.2.2 政策合规 ····························· 175
7.2.3 企业的能力 ·························· 177
7.2.4 数据流 ································ 179
7.3 报告 ··· 182
7.4 总结 ··· 184

附录 A 参考资料 ································· 189

第 1 章

企业架构的实践

就目前的实践而言，企业架构始于 1987 年 John Zachman 发表的文章《信息系统架构框架》㊀。从那时起，系统开发实践就发生了显著的变化，然而企业架构框架并没有跟上步伐，在许多方面企业架构被认为是失败的。在这本书中，我描述了一个新的企业架构开发框架，它摒弃了以前对系统实现的关注，转而专注于实现企业的目标。

1.1 企业架构的失败

在 Zachman 发布他的框架原始描述时，信息系统环境

㊀ J. A. Zachman, " A Framework for Information Systems Architecture," *IBM Systems Journal* 26, no. 3 (1987): pp. 276–92.

比今天大多数组织所面临的环境要简单得多。信息系统往往是单一的和定制编码的，运行在特定的硬件上，并为能够进行这些投资的大型企业执行特定任务。随着时间的推移，开发信息系统成本的下降使得很多组织都能够拥有多个独立的开发项目。计算机硬件成为一种商品，软件和特定硬件之间的联系减弱了。Zachman 的信息系统架构框架被更新并重新命名为企业架构框架，管理者开始使用该框架来协调跨多个组织的系统开发工作。随着时间的推移，许多其他框架也被开发出来并一直使用到今天，如开放组架构框架（TOGAF）、美国国防部架构框架（DoDAF）等。它们都是从最初的 Zachman 框架派生出来的，或者是受到了其很大的影响，并且都使用了相同的自顶向下的方法来处理企业架构问题：从高层抽象开始，递归地将问题分解为更具体的表示，直至细化到能实现预期的系统。有一段时间，它奏效了。但是，越来越多的大型企业开始意识到，最初设计用于支持开发单个信息系统的架构框架并不适合企业架构的任务。

因为我们一直在使用的框架并不适合企业架构的任务，所以业界中越来越多的人认为企业架构已经失败了。Jason Bloomberg 在 2014 年《福布斯》杂志上撰写了一篇文章 "*Is Enterprise Architecture Completely Broken*？"，并得出结论：很大程度上企业架构失败了。他断言企业架构的问题在于框架的关注点是文档而不是业务目标⊖。在 2017 年 LinkedIn 的

⊖ Jason Bloomberg, "Is Enterprise Architecture Completely Broken?" *Forbes*, https://www.forbes.com/sites/jasonbloomberg/2014/07/11/is-enterprise-architecture-completely-broken/, last modified July 11, 2014.

一篇题为"The Death of Enterprise Architecture？"的文章中，MaryAnn Welke 认为，企业架构关注技术而不是解决业务问题对实践具有负面影响㊀。她主张重新关注商业需求。

事实上，企业架构已经失败，或者被认为已经失败，这对业务经理和系统开发人员来说都是一个严重的问题。对于业务经理来说，企业架构系统的缺失迫使他们在没有关键信息的情况下做出重要决策。例如，上市公司必须遵守证券交易委员会以及其他联邦和州机构的一系列规定。如果公司管理层不了解其中各种财务相关系统的功能和相互联系，他们如何确定公司是否符合适用的财务法规？如果系统开发人员没有在定义的架构框架内工作，那么在不同项目上工作的团队很可能会针对类似的问题得出不同的、不兼容的解决方案。例如，当不同的系统使用不同的认证机制时，用户被迫在不同系统内记录多个用户名和密码，这将产生不佳的用户体验，而且存在安全隐患。比如每个系统均保留用户的登录名和密码列表，这对于那些试图不经过授权访问的人来说是一个非常好的突破口。

如果当前实践中的企业架构已经失败，但产生它的原始需求仍然存在，那么必须设计一种解决这些问题的新方法。我们必须从过去的错误中吸取教训，采用一种新的企业架构方法，一个旨在满足当今复杂企业需求的框架。现代企业架

㊀ MaryAnn Welke，"The Death of Enterprise Architecture？"LinkedIn, https://www.linkedin.com/pulse/death-enterprise-archi-tecture-maryann-welke/, July 28, 2017.

构框架必须关注业务目标并支持灵活的组织,这对21世纪的企业至关重要。

为了了解企业架构是如何发展到目前的状态的,回顾企业架构的历史是很有指导意义的。了解当前企业架构框架是如何开发的,以及它们是如何演变的,将有助于发现导致当前状态的因素。

1.2 架构框架的起源

在深入研究架构框架的历史之前,定义信息系统架构有助于将其与企业架构区分开来。信息系统架构没有公认的定义,已经有300多个定义被记录在案[○],其中许多定义是针对学术界的,具有高度技术性。我对信息系统架构的定义是:作为单个单元部署和使用的信息处理能力的主要组件、功能和接口。(请记住,这是架构,而不是细节设计。)信息系统架构是开发详细系统设计的起点,其重点仅限于实现该系统。正如你将在本章的其余部分中读到的,信息系统架构中使用的技术不能标准化,不适合开发现代企业架构。

原始的 Zachman 框架对企业架构实践的影响是非常深远

○ Hannu Jaakkola and Bernhard Thalheim, "Architecture-Driven Modelling Methodologies," in *Information Modelling and Knowledge Bases XXII, 20th European-Japanese Conference on Information Modelling and Knowledge Bases (EJC 2010)*, Amsterdam, NL: IOS Press, 2010, `https://www.researchgate.net/publication/221014046_Architecture-Driven_Modelling_Methodologies`, pp. 97–116.

的。如今几乎所有广泛使用的企业架构框架都基于 Zachman 框架。图 1-1 显示了目前常用的许多架构框架的派生。

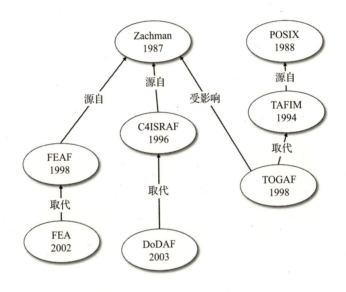

图 1-1 通用架构框架的派生

1987 年首次发布的 Zachman 框架至今仍在使用。信息管理技术架构框架（TAFIM）是由美国国防部（DoD）在 1994 年开发的。TAFIM 框架主要来源于可移植操作系统接口（POSIX）模型（最初称为 IEEE P1003.1-1988 模型）。顾名思义，POSIX 模型最初是为操作系统提供标准接口而开发的，目的是提高 Unix 操作系统不同版本之间的软件兼容性。1998 年，美国国防部结束了对 TAFIM 的支持，TAFIM 由 The Open Group 接管，并在那里发展成为 TOGAF 模型。除了源于 TAFIM，TOGAF 还明显受到了 Zachman 框架的影响，该模型目前仍有人在积极开发。在此期间，美国国防部开发了指挥、控制、通信、计算机、情报、监视和侦察架构框架（C4ISRAF）。C4ISRAF 在 1996 年首次发布，它也是由 Zachman 框架派生而来的。C4ISRAF 在 2003 年被 DoDAF 取代，而 DoDAF 目前仍然是美国国防项目信息架构开发的标准。虽然没有确切的描述，但英国国防部的架构框架（MoDAF）与 DoDAF 紧密结合，并由类似的框架派生而来。从 1998 年开始，美国政府的民间机构再次借鉴了 Zachman 框架，开发了联邦企业架构框架（FEAF）。2002 年，FEAF 被重新命名为联邦企业架构（FEA），目前仍然是美国政府民用项目的架构开发标准。

正如你所看到的，尽管当前的企业架构环境存在各种不同的相互竞争的框架，但是实质上，所有框架都是由同一个框架派生而来的。当然，随着时间的推移，这些框架已经朝着不同的方向发展。但是，1987 年以 Zachman 框架和相关文章为基础建立的自顶向下设计的基本理念在当时并没有发生重大变化。

与 1987 年相比，今天的系统开发环境更为分散，连接也更为紧密。更为分散的是，几乎没有企业规模的系统开发工作，例如，在一个大型企业中，许多子组织可能以完全不同的规模进行独立的系统开发工作。它们的连接也更为紧密，因为很少有系统是孤立运行的。大多数系统都与其他独立开发的系统有接口，这些系统为不同的目的服务。许多信息系统都与物理系统紧密相连，从视频监控系统中简单的缩放控制到复杂的物理网络系统，如现代的电传飞机。因此，开发出来的系统需要与复杂的商业和定制系统相互交互，这些系统都是按照各自的时间表开发和升级的。其结果是一个非常复杂的生态系统，没有一个人或团队能够完全理解。

同时，今天的软件开发实践与20世纪80年代的开发实践几乎没有什么相似之处。软件系统最初是在特定的硬件上运行的，更新硬件意味着更新软件。软件最初是使用瀑布式方法开发的，在这种方法中，冗长的需求定义阶段产生了一个详细的规格说明，软件开发人员使用该规格说明创建最终产品。开发人员和系统管理员希望部署软件然后继续进行其他项目；用户将以该基本配置使用该系统，直到该系统被替换为止。对系统的更新是逐个处理的，但遵循与原始系统开发相同的模式：设计－构建－测试－部署－继续开发下一个项目。

当前的软件开发实践在最初的模型基础上有了很大的发展。除了与安全相关的嵌入式系统（如飞机飞行控制系统），大多数软件都是使用敏捷方法开发的，工程师在开发代码的同时充实需求和设计细节，每两周到四周生产一次可用的产品，并根据新的需求进行调整。许多基于互联网的企业，如Facebook和Twitter，采用了一种更为灵活的软件开发方法，称为"开发运维"（development operations），即DevOps，生产系统每天由独立的团队进行多次更新，每个团队负责处理系统的一小部分。开发团队不再构建、部署和继续开发，而是构建、部署和继续改进。软件系统不再是固定的代码基线：它们是不断进化的生物。此外，20世纪80年代和90年代的开发人员通常不得不从头开始构建整个系统，因为他们正在创建全新的功能。现代软件很少以这种方式构建，大多数开发工作都复用由第三方开发的大量库和组件。如今，软件开发更多的是将现有的组件组合在一起，而不是创建新组件。

动态性和复杂性在 1987 年还不是系统架构和开发的一部分，那时大多数架构框架的基础已经建立。此外，信息系统很少再单独开发。不同的信息系统由不同的组织开发，在部署时必须进行交互，即使任何开发团队都没有预见到这种交互性。企业直接需求的变化可能快于系统的更新，或者企业本身可能改变其结构，从而导致系统需求的变化。系统开发实践中的这些巨大变化要求重新思考企业架构的发展方向。

这并不意味着 Zachman 框架、TOGAF 或其他架构框架已经过时。恰恰相反，现在是时候认识到企业架构与信息系统架构是不同的架构了，因此，它需要一种不同的方法。Zachman 和其他人定义了设计信息系统的框架，本书列出了一个用于管理企业的架构框架，这个框架不仅可以用于信息系统，还可以应用于其他类型的系统。企业架构师在传统意义上是一个信息系统架构师，承担着企业范围的职责，但是这个角色必须转变为一个真正的企业架构师，不仅仅关注信息系统，还要关注业务流程、企业战略，甚至是组织结构。这种转换需要一个架构框架，不同于传统的信息系统架构，它在更高的抽象层次上运行，并侧重于不同的设计方面。它是可以处理当今企业日益增加的复杂性的框架，同时规避历史方法的缺陷。

1.3 企业架构的重新思考

信息技术行业许多角色的名字都是从建筑行业借鉴而来的。因此，我们有开发高级设计的"架构师"，依据这些设计进行详细技术实施计划开发的"工程师"。这些详细的设计交给系统"构建者"执行。扩展这一类比，企业架构师的角色更类似于城市规划师：定义组织的目标，与其他高级管理者合作制定实现这些目标的策略，为系统开发人员指定约束条件，监控进度和测量结果。正如城市规划师使用的方法和度量标准不同于建筑师，企业架构师也必须使用不同于系统架构师的方法和度量标准。

要定义适当的企业架构框架，我们必须了解企业架构的适当目的。企业架构的目的不是设计系统，而是帮助企业实现特定的业务目标。这些目标可能包括通过更有效的广告来提高品牌知名度，通过更好的福利管理来提高员工满意度，或者任何对企业重要的事情。企业架构相关工作的所有内容都应该有助于实现企业的目标，对企业目标没有帮助的任务是对资源的浪费。我们必须明白，最终构建的系统并不是最终目的，它们只是达到目的的手段。最终目的是实现企业的业务目标，在任何企业架构的相关工作中，必须首先记住这一点。

许多业务带头人都不喜欢企业架构，因为他们认为这是一项致力于构建模型和图表的工作，而这些模型和图表只对构建它们的人有意义。在这里不要将企业架构与建模混淆。模型通常是有用的，但企业架构工作常常为了建模而建模。

他们变得更关注于提供建模工具，而不是解决企业的核心问题。此外，建模工具通常很复杂，并且学习如何使用它们并不容易，大型企业架构的模型可能非常复杂且难以理解。这可能导致"模型构建者"的发展，他们的工作是以建模工具为中心的。任何想使用架构做点什么（比如想了解哪些系统与工资系统交换数据）的人，都必须咨询模型构建者，希望他们的模型能够产生预期的结果。

我开发的企业架构方法体现了对这个主题的不同思考方式。虽然不可能消除中等及以上规模现代企业的复杂性，但我已经开发了一种定义和管理企业架构的方法，这种方法能够更好地适应企业规模系统开发和集成的复杂性。

1.3.1 敏捷实现

大多数企业将企业架构工作视为信息系统架构的扩展，范围从单个系统扩展到企业内的所有系统。在 30 年前，这似乎是一次自然的转变，当时企业信息系统一般都是大型的、定制的事务，开发是集中管理的，只有大型企业或政府机构才有能力承担这样的工作。但现如今的信息技术领域已经成熟得多，大量的商业性和开源产品可以直接使用，甚至小团队也可以在短时间内开发实现关键任务的应用程序，大型独立系统已经成为过去。如果试图定义企业中所有系统的实现细节，那么企业架构工作常常会陷入细节的泥沼，失去了敏捷性，而敏捷性对 21 世纪的组织来说是至关重要的。

信息系统架构的要点是逐步将高级需求分解为具有足够

细节的规范,以便软件和系统工程师构建符合这些需求的系统。相比之下,企业架构的重点是帮助企业实现其业务目标,而不是设计或构建信息系统。企业可以使用信息系统来实现某一特定目标,也可以不使用。构建一个或多个信息系统可能有助于企业执行某些业务流程,但这是次要目标——子组织的目标,而不是企业的目标。

要实现任何目标,企业都必须有实现该目标的战略,系统可能有助于该战略的实现,但是任何系统都不能弥补不现实的目标或者缺乏实现该目标的连续战略计划。信息系统的存在是为了帮助人类更有效地处理信息,即使有了当今的先进技术,信息系统也无法做人类做不到的事情(尽管系统也许可以做得更快一些)。如果一个企业没有明确的目标和一个可执行的战略,那么再多的系统设计和实现也无法弥补这一不足。

专注于设计信息系统的企业架构工作将忽略最初的业务目标,而这些业务目标才是进行相关工作的目的。正如"企业架构"这个名称所暗示的,重点是解决整个企业的关注点,而单个系统通常只处理特定子组织的关注点。一个成功的企业架构工作必须始终专注于实现企业的目标。系统架构、设计和实现的具体细节超出了企业架构工作的范围。这些细节是单个系统开发工作的关注点。

1.3.2 指导企业

那么,如果企业架构将单个系统定义和实现的控制权交给较低级别的工作，那么企业架构师如何指导企业实现其目标呢？答案是利用一个叫作复杂自适应系统的领域的研究成果。复杂自适应系统在第2章中有更详细的解释。现在，可以说一个复杂的自适应系统是一个独立实体的集合，其中每个元素都按照它们自己的规则和关注点运行，但是当把这些元素看作一个整体时，它们的功能相互协调，其行为有利于整个组织，并快速适应环境的变化，就好像它们是统一协调的。这里举一个简单的例子来对复杂适应系统进行说明，例如一群鸟，它们没有领导者，但这些鸟作为一个群体移动，看起来像是由一个领导者指挥的，这帮助它们有效避免了威胁，并朝着一个共同的目标移动。

正如没有详细的计划来指导鸟群中的每只鸟飞向何处一样，企业架构不需要指定或记录每个系统是如何实现的。规范和文档需要留给每个系统的架构师来实现。通过从企业架构中消除该级别的指导，企业架构变得更小、更集中、更容易理解。这使得企业架构师能够集中精力监督企业实现其目标的进度，并确保支持这些目标的系统能够在需要时进行互操作和共享数据。

这种企业架构的方法将详细的系统设计和文档委托给更接近实际工作、更熟悉系统预期用户需求的系统实现团队。将这项工作委托给系统实现人员，通过实现更新企业架构的过程，并在进行更改之前获得企业架构师的批准，使他们能够更快地适应不断变化的条件。这种方法更适合当今的敏捷开发实践，并且反映了大多数系统开发工作的实际操作方式。

与传统企业架构相比,以这种方式约束的企业架构更小、更简单。它不试图指定单个系统的实现细节:它指导和约束系统的设计和开发,以确保系统开发工作与企业目标一致并支持企业目标。在大型企业中,这意味着企业架构师必须放弃一定程度的控制,以实现组织的敏捷性。

企业架构规模的缩小并不等同于重要性的降低或对架构准确度需求的减少。相反,企业架构规模缩小了,但是它需要进行更加仔细的定义和约束,管理者可以使用它来管理企业。企业架构成为指导企业成功实现其目标的手段之一。这将企业架构从文档和图表的编译转换为可用于主动管理企业的操作工具。

与其他架构框架相比,这样的企业架构需要更少的构件,并且可以使用简单的建模工具来进行开发。传统的企业架构需要记录每个系统的所有实现细节,需要由团队在专用工具中维护复杂的模型,该团队的工作就是维护模型。这种"模型构建者"成为所有系统开发的核心,因为只有少数人了解模型,所有的更改或添加都需要他们的参与。这就形成了瓶颈,减慢了开发速度并限制了企业的敏捷性。缩小企业架构的范围可以大大减少记录企业架构所需模型的数量和复杂性。虽然这可能不会完全消除模型构建者的角色,但它将模型构建者从定义架构的中心角色中移除,并使企业的管理回归到关注业务目标、实现这些目标的策略和度量进度指标的角色。

1.3.3 与系统架构的关系

试图将企业架构进行分解，使其包含具体的实现细节，会在对企业层面价值最小的任务上花费大量精力，只有实现团队需要这些细节，而企业管理层不需要。成功的企业架构的关键是记录特定系统对实现每个业务目标的贡献。但是，该系统对目标的贡献（即系统的实现细节）超出了企业架构的范围。实际上，系统实现细节甚至不应该在企业层面直接可见。

解决方案架构应该显式地由企业架构派生，但是这种派生应该是企业和解决方案架构之间唯一的直接联系。企业架构只需定义一个系统，包括该系统对给定业务策略的支持、该系统的输入和输出以及该系统对企业的影响（即它是否执行了外部观察者可以检测到的任何功能）。任何额外的细节都是多余的，并且在每次更新单个系统时都可能过时。花费精力维护更详细的映射很少会带来等价的好处。

本书的其余章节解释了企业架构应该构建什么，而不是如何建模（尽管我提供了一些示例）。企业架构应该如何构建取决于企业特定的需求和目标。然而，有一个重要的因素必须考虑，特别是对于大型企业：架构必须作为正式的模型进行记录，这意味着架构是一个可以由计算机分析和评估的数学表示。像 Visio 这样的绘图工具可以生成漂亮的图片，但它们是图片，而不是模型。必须使用适当的架构工具，如 Sparx Enterprise Architect、NoMagic 的 MagicDraw 或类似的工具。如果工具支持行业标准建模语言和数据交换格式（使用非标准建模语言和数据交换格式会导致供应商锁定，这是有风险的），那么使用哪一个工具都可以。

避免使用图表工具来支持架构工具并不意味着模型是不可见的。可视化建模语言，如系统建模语言（SysML）是构建在支持自动处理和评估的数学基础上的。这是至关重要的，这使得架构不仅仅是书架上一堆满是灰尘的文件。通过使企业架构成为正式的模型，我们可以利用自动化处理能力。手动比较不同系统的图和文档以理解它们的关系并衡量它们是否符合企业的指导方针，是一项困难而耗时的任务。使用正式模型就可以应用自动化工具将解决方案架构模型与企业模型进行比较，还可以更容易地将企业活动的结果与企业架构中记录的目标进行比较。这将企业架构从一堆晦涩难懂的文件转变为一个有价值的、积极的管理工具。

1.4 总结

目前使用的大多数企业架构框架都源于 Zachman 框架，这种方法在 30 多年前就已经被首次描述过。从那时起，系统变得更加复杂和相互关联，软件开发实践已经从构建和部署过程演变为在操作过程中不断更新软件的过程。

这些系统复杂性和开发实践的变化暴露了传统企业架构框架的弱点。传统框架的产品既复杂又笨拙。企业架构不是作为操作管理工具，而是常常成为阻碍企业敏捷性的瓶颈。因此，许多企业认为企业架构已经失败了。

传统的企业架构框架侧重于开发一个或多个系统，本书描述了一个专注于实现业务目标的新框架，系统开发被降级到适当的次要角色，作为达到目的的手段，而不是目的本身。

采用这种新方法能够将企业架构从静态的、以文档为中心的资源使用者转变为活动的、可操作的管理工具。将企业架构的重点从定义系统细节转变为实现业务目标，将企业架构置于其适当的位置上，作为帮助实现业务目标的手段。

第 2 章　Chapter 2

复杂适应系统概述

复杂适应系统的每个部分都可以被完全理解,但作为一个整体,它的行为不一定能被预测。这类系统的特性及其与系统设计的相关性多年来已得到公认。侯世达(Douglas Hofstadter)在其 1979 年发表的关于人工智能的著作《哥德尔、艾舍尔、巴赫:集异璧之大成》(Gödel, Escher, Bach: An ternal Golden Braid ⊖)中认识到系统涌现行为的重要性。到了 20 世纪 90 年代,能够有效运行大规模个体仿真的商用硬件已经唾手可得,为复杂适应系统的研究开辟了一条新的途径。这项研究在经济学和社会科学等多个领域产生了新的见解,强调了小变化对大人口行为的影响以及社会如何自我

⊖ Douglas R. Hofstadter, *Gödel, Escher, Bach: An Eternal Golden Braid* (New York: Basic Books, 1979).

组织。我们可以利用从本研究中获得的成果来改进企业架构的实践，可以让架构自然地从一个由相对简单的规则约束的环境中产生，而不是自顶向下生成。

2.1 复杂适应系统

通常一个复杂适应系统的各个元素本身相对简单，并根据一组类似的简单规则运行。但是，当这些简单的元素组合到一个系统中时，系统就会表现出复杂的行为，而通过检查单个元素的行为是不容易预测这些行为的。也就是说，系统作为一个整体大于其各部分之和，其行为与任何部分都不相同。这种现象被称为涌现行为，是复杂适应系统的关键特征之一。对于外部观察者来说，涌现行为可能是复杂的、优化了集中控制并且对系统操作优先级进行排序的结果。在现实中，涌现行为是系统的每一个独立元素根据其自身的内部规则和动机，在操作环境的背景下，与系统的所有其他元素（同样，每一个元素均根据其自身的内部规则和动机运行）相互作用的结果。简单地说，涌现行为是系统中每个独立元素追求自身利益的结果。在现代化企业架构实践中，最重要的就是这些涌现行为。

2.1.1 复杂适应系统案例

复杂适应系统的一个最简单例子就是鸟群。任何观察一大群鸟（比如欧椋鸟）飞行的人都会被整个鸟群在没有任何明显领导者的情况下作为一个连贯整体而移动的方式所震撼。从一个地方移动到另一个地方，在飞行途中转弯、爬山、潜水，这些似乎是在某个导演的控制下进行的。这些鸟群作为一个整体进行机动，以避免捕食者等威胁，并选择一个足够大的着陆点来容纳整个鸟群，但这些都没有领导者进行指挥。鸟群的这种活动是整个鸟群的一种涌现行为。没有做决定和指挥每只鸟的领导者。每只鸟都根据自己的利益行事：避免与其他鸟类碰撞、躲避捕食者，或者寻找"头号鸟"。但是当这些独立的鸟聚集在一起时，它们各自的行为结合在一起，产生了一个符合物种最佳利益的鸟群。当一只鸟独自飞行试图躲避捕食者时，捕食者的机会就会变大，久而久之，捕食者就会杀死很多落单的鸟。但是整个群体作为一个整体进行机动，就可以迷惑和恐吓捕食者，阻止捕食者攻击，从而挽救更多的鸟群成员的生命。

举一个更详细的例子，例如一个蚁群。蚁群就是科学家们所说的"超有机体"的一个例子。当同一物种的个体变得高度专业化，以至于如果不成为由许多类似个体组成的更大群体的一部分，它们就无法生存时，超有机体就出现了。这个团体的运作就像是一个整体，每个成员都是这个整体的一小部分。超有机体的行为实际上是群体这一复杂适应系统的涌现行为。

一个蚁群会表现出许多这样的涌现行为。蚁群的数量不同，被派去觅食的蚂蚁数量也不同，它们维护巢穴、照顾蚂蚁的卵和幼蚁、击退捕食者，还完成许多其他复杂的任务。

例如，当一只蚂蚁找到食物来源时，蚂蚁将共同找到通往食物来源的最短路径，这对人类来说是一个复杂的计算过程，没有一只蚂蚁能够完成计算。但是蚁群在没有任何数学知识的情况下完成了这项任务，更重要的是，没有任何指引。

为了更好地理解这种现象，让我们更仔细地看一下蚁群的组成。蚂蚁的确切组成因蚂蚁种类而异，但大多数蚂蚁有三种类型：蚁后、兵蚁和工蚁。蚁后建立了蚁群，她唯一的任务就是产卵。尽管她有着帝王般的头衔，但她并不统治蚁群，也不指挥蚁群中其他蚂蚁的行动。兵蚁体型较大，下颚有力。顾名思义，它们的任务是保护蚁群不受捕食者或其他蚁群侵犯其领土。工蚁从事日常工作，维持蚁群的正常运转，例如觅食和照顾幼蚁。对工蚁的进一步研究揭示了蚁群中一些显著的涌现行为，甚至没有一只工蚁意识到这些行为。

工蚁每天离开蚁群觅食。觅食是一项相对昂贵的活动：蚁群必须派出足够的蚂蚁来寻找和取回足够的食物喂养蚁群中的所有蚂蚁。被派去觅食的蚂蚁无法维护巢穴或照顾幼蚁。派出去觅食的蚂蚁太多，蚁群的健康就会受到影响；派出的蚂蚁太少，就无法带回足够的食物，蚁群也会受到影响。同样，寻找和运输食物也需要占用其他任务的时间。蚁群的目标不是寻找食物。相反，蚁群的目标是保持蚁群健康和继续繁殖，寻找食物只是达到这一目标所必需的任务之一。

工蚁一开始没有明确的目的地，四处寻找食物，直到找到食物来源。一旦找到食物来源，蚂蚁就会返回蚁群。在回程中，蚂蚁释放信息素，这是一种帮助其他蚂蚁找到食物来源的化学痕迹。蚁群中的其他工蚁本能地倾向于跟踪这种信息素的踪迹。这种倾向并不是一个强制性的驱动力，当看到信息素的踪迹时，蚂蚁可能会选择其他的行为，然而，这种倾向是足够强的，至少有一些其他的蚂蚁会跟随它的踪迹。当其他蚂蚁跟随信息素的踪迹并带着食物返回巢穴时，它们通过释放自己的信息素来强化踪迹，从而增强其他蚂蚁跟随踪迹的概率，因为越强的踪迹越有吸引力。

有可能几只蚂蚁会在同一时间从不同的路线找到相同的食物来源，每只蚂蚁会各自独立地返回巢穴，留下不同的信息素踪迹。其他工蚁则会沿着这些信息素的踪迹找到食物来源，然后返回巢穴，并强化这一踪迹。那些返回速度最快的蚂蚁会激发更多的蚂蚁跟随信息素的踪迹（信息素的踪迹比其他路径更新鲜、更醒目），每一只跟随第一条信息素的蚂蚁都会进一步强化信息素的踪迹。随着时间的推移，工蚁会聚集在最短的路线上，而较长的路线则会被抛弃。

所有这些个体行为的结果是，蚁群作为一个整体，从众多已知的路径中计算出从蚁群到食物来源的最短路径，这是任何一只蚂蚁都不可能独自完成的任务，也是没有任何领导者指挥过的任务。值得注意的是，蚂蚁没有寻找最短路径的本能。它们有寻找食物的本能，把食物带回巢穴的本能，追踪信息素踪迹的本能，以及寻找在巢穴和任何食物来源之间存在许多可能路径的本能。通过这些简单的积累，蚂蚁完成了一项人类需要复杂数学计算的任务。直到1959年，计算机科学家 Edsger W. Dijkstra 发表了在网络中任意两个节点之间寻找最短路径的算法[1]，人类才有了一种计算网络中两点之间的最短路径的有效方法。

2.1.2 Sugarscape 模型

蚁群只是复杂适应系统的一个例子，我们周围还有许多复杂适应系统的例子，我们对它们的认识还在不断发展。这些系统在计算机科学、经济学和社会科学等领域仍然非常活跃。基于个体的软件系统已经在许多研究项目中被用来观察涌现行为，并研究环境中小的变化或管理个体的规则如何对所产生的涌现行为产生巨大影响。这一研究领域的一个开创性进展是 Sugarscape 模型。

Sugarscape 模型是计算机科学家 Joshua M. Epstein 和 Robert Axtell 开发的一个用于研究人工社会发展的框架，并在他们的 *Growing Artificial Societies* 一书中进行了描述[2]。Epstein 和 Axtell 创建了一个人工环境，并将自主个体植入其中。他们把环境分成格子，并在格子中选择"糖"（sugar）作为个体的食物。他们赋予每一个软件个体"视野"和"看到"一定数量的方块的能力，以及可以从任何糖沉淀中补充糖储备的能力。他们还给了每个个体"新陈代谢"的机制，即它燃烧糖分的速率。他们编程让这些个体在他们的视野范围内

---

[1] E. W. Dijkstra, "A Note on Two Problems in Connexion with Graphs," *Numerische Mathematik* 1, no. 1 (December 1, 1959): pp. 269–271.

[2] Joshua M. Epstein and Robert Axtell, *Growing Artificial Societies: Social Science from the Bottom Up* (Washington, DC: Brookings Institution Press, 1996).

四处寻找糖类沉积物,然后根据糖类沉积物的大小、与沉积物的距离以及个体的代谢率(即,到达糖类沉淀物过程中要消耗多少储备的糖),移动至检测到的其中一个沉积物。一旦到达糖类沉淀物,个体就消耗这些糖来补充他们体内的储备。如果一个个体储备的糖用光了,他就会死亡。糖类沉淀物会随时间以一定的速率自我补充。

Epstein 和 Axtell 观察了这些个体的工作,并对系统中出现的行为感到惊讶,即使只有这些简单的规则。在自然的情况下,个体们会聚集在最大的糖类沉淀物上,迅速耗尽它们,然后继续前进。个体们以一种更有效的方式分布在糖类沉积物周围,大型沉积物吸引了大量的个体,但较小的沉积物同样会吸引一部分个体。随着时间的推移,环境会达到一个平衡状态(生态学家称之为"承载能力")。当补充糖的环境发生变化时("生长季节"),就出现了类似我们在自然界看到的迁徙模式。

在研究过程中,Epstein 和 Axtell 给他们的个体添加了更多的特征,包括繁殖能力、交易能力,甚至通过文化交流修改他们特征的能力。他们观察到了在不同环境中出现的"部落"的发展,每个部落都表现出随着时间的推移而进化出来的不同特征。尽管个体存在于竞争资源是一种具体设计特征的环境中,但在个体之间也出现了经济现象,产生了数量惊人的合作。这一组简单的个体中自发地出现了人类社会的粗略模拟。

Sugarscape 模型表明,即使是在有限的本能下运作的简单个体，也可以在没有任何集中的组织原则或力量的情况下，联合并自发地产生复杂的社会。研究还表明，即使是环境中的微小变化，也会产生新的行为。这些结果在随后的一些研究中得到了证实，不仅为基于个体的软件系统的生产提供了有价值的见解，而且也为经济学、政治学和生物学等领域提供了有价值的见解。类似的模型现在也被用于计算机以外的许多学科中，以更好地模拟大型、异质群体的复杂交互作用。

2.1.3　经济学与企业架构

在产生 Sugarscape 等模型之前，经济模型主要基于这样一个假设：人口在重要方面是同质和理性的。同质性是指所有人口成员都有相同的目标（更高的收入、更低的物价等），理性是指每个人的决定都是为了最大限度地提高他们实现这些目标的可能性。虽然这些模型对理解社会行为的某些方面是有用的，但在将预测与观察到的行为进行比较时，这些模型具有明显的局限性。

不幸的是，现实往往证明，传统的经济模型并不能准确反映人类的行为。现实世界中人们的行为是很难预测的。此外，传统的经济建模技术是基于微分方程和偏微分方程的，这使得对高度异质群体的分析变得困难。相比之下，复杂适应系统研究为经济学家提供了一种建模和分析的方法，这种方法对异质群体并且群体中个体行为者不总是理性的情况能够进行有效的分析。

通过使用 Sugarscape 模型中演示的技术，经济学家可以创建一个随着时间推移而演变的人工社会，在那里，个人可以根据经验和与他人的互动改变自己的偏好。他们还会增加某些个体在做出经济决策时采取"非理性"行动的倾向。例如，与假设模型中所有个体都将采取行动最大化他们自己的收入不同，一些个体可能会倾向于与其他个体保持邻居关系，当面临转移以增加收入和保持相同收入之间的选择时，会选择放弃增加收入。

所有这些经济学的讨论与企业架构有什么关系呢？从根本上讲经济学是研究人际关系，以及这些关系的聚合如何导致企业的形成、增长和演变。企业是由人组成的，每个人都有自己的偏好、目标和优先级。这些特征影响到他们如何完成分配的任务，他们是否与本组织或企业内其他组织中的其他人合作或竞争，以及他们对不同激励的反应。所有这些个体之间的相互作用会导致整个企业的涌现行为，这些行为可能无法预测，也可能无法推进企业的目标。

传统的企业架构方法没有考虑到人的因素。现有的架构框架假设每个人都是理性的参与者，每个人和项目都将与企业架构保持一致，并以企业的最佳利益为出发点。实现团队完成满足企业架构团队指定的需求所需的任何文档，一旦他们获得批准继续工作，他们就专注于按时和在预算内完成分配的任务，这是在实践中通常会发生的事情（即涌现行为）。与从事不同项目的其他团队沟通和合作是次要的。虽然企业架构可能假设一个团队将重用由另一个团队开发的组件，但是第一个团队可能不太相信第二个团队会及时交付必要的组件，以满足第一个团队的交付时间表。因此，第一个团队通常自己实现所需的组件，而不用担心第二个团队是否会按时交付。

最终，我们看到相同的场景反复上演：每个项目都独立地实现所需的功能，而不是依赖其他团队来实现，防止由于其他团队交付时间的问题导致延迟交付。这导致了重复的功能，经常使用不兼容的接口，使得最终的集成更加困难。与企业架构师所设想的统一的、可互操作的生态系统不同，其结果是分散的、脆弱的、具有重叠和不一致功能的系统的聚集。这需要一个单独的集成项目，消耗完成企业主要目标的资源，并需要不断增加维护和升级系统的工作量。

2.2 适应系统与企业架构

每个大型组织都是一个复杂适应系统。每个人都是一个由他或她自己的动机驱动的独立参与者，这些动机可能与企业的总体目标一致，也可能不一致。一个开发人员可能被职业发展的前景所驱使，而另一个开发人员可能被实现特定技术的激情所驱使，即使该技术并不适合企业架构。单个系统的架构师可能倾向于使用他们熟悉的旧技术，或者他们可能尝试使用最新的开发技术，以直接了解它们的工作情况。这种人为因素使得管理任何大型组织都很困难。当与现代系统开发的日益增加的复杂性相结合时，使用传统技术来有效地管理企业架构几乎是不可能的。

传统的企业架构框架没有考虑人的因素和组织的涌现行为。他们假设可以自顶向下地构建复杂的企业，并且可以使用命令和控制系统来管理单个系统的开发，该系统假定从企业架构的最抽象层次到最具体的实现细节都具有近乎完美的可见性。这就需要进行大量的监控工作，以便企业架构师确保各个系统的开发工作符合企业架构的需求。实现这个监控方案需要设计审查、批准标准、协调详细的时间表以及其他各种环节，这些环节的重点是为架构提供信息，而不是满足企业的目标。在很大程度上，这种监控工作致力于应对组织的涌现行为，并试图推动开发团队采用期望的行为，而不是引导他们自然而然地实现企业的目标。

这并不意味着监控是不必要的或不可取的。相反，有效的监控是任何大型项目取得成功的关键。"有效"是这里的关键概念——监控不是必须严厉才能有效。现代设计和开发工具使得实现轻量级的有效监控变得很容易。自动化测试工具可以确保系统符合企业数据的交换标准，一致性检查软件可以验证系统架构是否使用企业选择的语言进行文档化，而用户反馈可以衡量系统是否满足了它们想要的需求。当监控自动化时，实现团队可以定期检查他们自己的一致性，以确保他们与企业约束一致。它是测试驱动开发的一种形式，一种可靠的自我监控形式。

我所说方法的核心观点是，使用诸如企业级设计评审和详细批准标准等技术来驱动行为一致性的努力会适得其反。这并不意味着设计评审和批准标准不重要，它们仍然是单个系统设计和实现的关键部分。但是，将适合于单个系统的技术应用于整个企业，即使这些技术标准没有不利影响，也可能会产生错误的假设。与单个系统相比，由于企业的复杂性，这些技术不能很好地进行应用。通过在错误的层次上应用这些技术，传统的企业架构方法将资源用于确保一致性，而不是用于满足企业的真正目标。很少有组织将开发完全可追溯的、完全符合要求的企业架构作为其目标，架构只是实现这一目标的一种手段。通过重新将企业架构工作的重点放在满足业务目标上，而不是开发企业系统的详细图像，我们可以将企业架构作为一种操作管理工具回归到其适当的位置上。而实际上，企业架构成为只有建模专家才能理解的一种深奥的技术追求。

2.2.1 专注于目标

"永远不要告诉别人如何做事。告诉他们该做什么，他们的创造性会让你大吃一惊。"

——小乔治·史密斯·巴顿[⊖]

系统架构师和企业架构师通常来自工程师——系统实现者，他们接受培训来设计系统应该如何运行，并构建该系统，然后测试它以验证它是否按照设计运行。工程师不一定是微观管理者，但他们习惯于了解系统的内部工作原理，并对其进行修补以优化其功能。他们倾向于对黑盒系统持怀疑态度，

⊖ George S. Patton, "Reflections and Suggestions," chap 1. in *War As I Knew It* (New York: Houghton Mifflin Company, 1947) p. 357.

更愿意了解他们所使用组件的内部工作原理。当工程师成为架构师时,他们仍然会保留这些习惯,而这些习惯在构建单独的系统时常常很有优势。但是这些习惯并不适合企业架构师。在一个庞大的系统体系中,有太多的细节,任何一个人都无法理解,甚至连一个小组也无法理解。如果企业架构师想要有效地管理一个复杂的生态系统,他们需要放弃对详细知识的追求和对控制的渴望。

小乔治·史密斯·巴顿将军是第二次世界大战中美国杰出的战场指挥官。他常常因为直言不讳和固执己见而受到批评,使他成为一个有争议的人物,但所有人都很尊敬他,认为他是一个出色的作战指挥官和善于鼓舞人心的领导人。在他去世 70 多年后,他的领导技巧仍在世界各地的军事和民用的发展项目中被研究。

有效的军事组织早就懂得在组织的敏捷性、完成任务与对任务的完整了解之间找寻平衡。优秀的军事指挥官接受这样的事实,即只要按照他们的指示完成任务,就没有必要详细了解下属的活动。指挥官的指示采取"任务型命令"的形式。指挥官明确规定了预期的最终状态(例如,"保护使馆周边和使馆内的人员"),以及对部队活动的限制或控制(例如,"遵守已公布的交战规则")。如何完成任务留给实际执行任务的下属。这种方法有几个优点。第一,由于指挥官不专注于任何单个任务的详细规划,他可以专注于确保每个任务的目标与总体作战战略保持一致。第二,这种方法使负责执行任务的下属能够对当地不断变化的情况做出反应,而无须征得上级总部的批准。这使得现场人员能够灵活快速高效地完成任务。第三，它鼓励创新和新颖的解决方案，这些解决方案通常比以前的方法更有效。

如果企业架构师希望在当今快速变化的商业和技术环境中取得成功，那么他们必须倾向于采用这种面向目标的方法来管理企业的系统开发工作。现代企业（特别是那些严重依赖大型软件系统的企业）的复杂性也需要这种解决方法。再多的记录或一厢情愿的想法也无法弥补一个人的大脑只能理解有限细节的事实。但是组织作为一个整体，确实存在所有这些细节的知识，企业架构师利用这些知识就足够了。不幸的是，直接使用这种企业知识是困难的，因为需要知道谁拥有解决任何给定问题所需的具体知识。即使组织的系统设计细节有很好的文档记录，搜索信息以找到解决特定问题所需的知识也是不切实际的。一个更好的方法是知道组织的哪些部分拥有这些知识，并指派他们来解决这个问题。让这些部门去解决细节问题，企业架构师可以专注于观察效果并度量结果。也就是说，企业架构师让企业的涌现行为来确定如何实现目标，而他则专注于监控结果。

第3章将详细讨论目标的建立和建模。现在，理解企业必须定义其目标并监控实现目标的进度就足够了。通过采用自适应系统方法来管理企业架构，架构师可以利用企业中潜在的组织知识来实现这些目标。有效利用这些知识的关键是建立约束和指导系统实现团队的规则和约束。仔细定义这些规则和约束，并将它们保持在满足企业目标所需的最低限度，为实现团队提供了最大的敏捷性，这是促成企业敏捷性的关键因素。

2.2.2 规则和约束

架构的核心是一组强加给系统构建者的规则和约束。这些规则可能包括诸如坚持所有的系统架构都要用一个特定的架构框架来开发，或者软件必须用统一建模语言（UML）来设计等内容。约束可能采取要求系统使用特定硬件架构的形式，例如要求所有计算机系统在其中央处理单元中使用与x86兼容的架构。问题的产生是因为人们对规则和约束感到不满，人类的本性是反抗我们受到的限制。但是，规则和约束必须强制执行，否则它们就毫无意义。这就是为什么大多数企业架构工作都集中在评估系统架构的符合性，而不是实现企业的目标。然而，我们必须约束系统构建者的活动，以确保企业的系统是相互兼容的，并且可以在需要时进行互操作。一个有效的企业架构框架必须在系统开发的需求和关注企业目标的需求之间取得平衡。

在讨论规则和约束的细节之前，我们应该定义它们是什么以及它们之间的区别。规则是一种指导方针，它包含的不仅仅是硬性要求。任何规则都有例外，制定该规则的目的是确保任何例外都是已知的并经过仔细考虑的。约束更加严格，通常不允许例外，它们更类似于企业范围的需求声明。虽然约束可能应用于系统的架构或设计，但它们通常应用于系统本身。约束是我们用来评估系统是否适合企业架构的主要方法。综合起来,企业架构的规则和约束构成了系统实现者的操作环境。它们形成了企业架构师感兴趣的涌现行为的"Sugarscape"。

1. 规则

在企业架构中,规则是关于企业如何进行架构业务的一般性声明。评估架构规则的一致性可能比评估约束的一致性更主观,但规则的制定应使评估尽可能简单和明确。规则的目的是管理产品,而不是控制架构师和实现团队的行为,试图控制他们的行为会破坏我们利用企业涌现行为的愿望。企业架构规则分为两类:控制系统开发的规则和控制系统行为的规则。

在建立规则时,企业架构师必须考虑人的本性,并使规则适应这些现实。人们反对武断、不可执行或不明确的规则,而通常不会反对符合人的本性的规则。我们都有一种内在的欲望,想知道我们在同行中的表现如何,以及我们是否达到了我们所努力的领域内所期望的标准。清晰、一贯执行的规则构成了判断我们成功程度的框架。企业架构师为开发**系统架构**而建立的规则提供了判断系统架构是否满足预期标准的框架。因此,规则应该相对较少并且清楚和简洁。

规则可以有两种形式:它们可以定义禁止的内容,也可以定义需要的内容。在企业架构中,基于禁止内容定义的规则通常会适得其反。除了少数例外,我们很难评估系统架构或实现没有做什么。例如,企业架构可以包括这样一条规则,即任何系统都不能不使用传输层安全协议（Transport Layer Security, TLS）来加密数据的网络接口。但如果架构规则规定所有公开的接口都必须使用 TLS，那么实施起来就会更简单、更容易。另一方面，正面陈述更容易测试，因为在证明否定性方面存在固有的困难。可能会有例外，但必须清楚地理解这些例外，以便能够适当地制定规则。对于那些被禁止的活动，团队必须明确规定哪些规则是禁止的。在实践中，你会发现，制定明确的规则来定义所需的内容比定义禁止的规则要容易得多。

定义所需内容的规则也必须明确无误。仅仅建立一条规则是不够的，例如"所有源代码都必须有良好的文档记录"。这是一个模糊的语句，几乎不可能强制执行。你如何定义"良好的文档记录"？这是一个主观的度量，需要很大的努力来评估它的一致性。对一个主观规则的符合性评估所花费的精力本可以用来进行实现企业目标的工作。更重要的是，这是一个不适合企业架构规则的例子，因为它试图定义开发过程的细节，而这些细节只对实现团队可见；这个规则对最终系统是否有助于实现企业目标没有影响。

一个更合适的规则的例子是"系统设计必须使用 UML2 进行文档化"。这是一个清晰、简洁、易于评估的规则。市场上有很多工具可以评估系统设计是否用有效的 UML 表示，因此不需要人工解释。这也是一个很容易遵守的规则，因为生成有效 UML 的设计工具很容易获得。值得指出的是，这是针对系统如何开发和记录的规则，而不是针对系统行为的规则。管理该系统相对于企业其他部分行为规则的一个例子是"系统中的所有数据都应该通过公共接口可用"。

在制定规则时要记住的重要一点是，人们总能找到绕过规则的方法，尤其是当遵守规则比绕过规则更费力的时候。我们可以通过确保规则明显有助于实现某个明确的企业目标来应对这种趋势。这对于企业架构师和实现团队都是必要的。企业架构师需要了解规则如何为特定的企业目标做出贡献，否则他们无法有效地批准例外的情况。如果没有对每个规则的理解，就无法判断例外对企业实现该目标可能产生的影响。为了有效地应用规则，系统实现者需要了解每个规则如何有助于实现企业目标。当实施者理解了制定这些规则的原因时，他们就不太可能去试图绕过这些规则。

必须仔细考虑提出的每个规则，以确保它有助于实现一个或多个企业目标，并确保它不会对系统实现者产生意外的负面影响。当我们研究一个规则以了解它如何有助于实现企业目标时，我们可能会发现该规则实际上起到了反作用。出于同样的原因，我们必须定期重新检查规则，以确保它们仍然有助于实现企业目标。很多时候，规则会随着时间的推移而持续存在，但制定规则的原因会随着技术的进步或企业目标的变化而变得无关紧要。

保持规则尽可能简单和容易遵守是很重要的。规则越烦琐，人们就会花更多的精力来规避它。在制定一条规则时，重要的是要考虑人们将如何绕过它，并以这样一种方式制定规则：要么不可能避免它，要么规避规则比遵守它要付出更大的精力。

同样重要的是要确保尽可能准确地陈述规则。规则越模糊，执行起来就越困难。通过谨慎选择词语并确保规则的含义不会被曲解，我们可以防止由于假设"每个人都知道"我们所指的特定词语或短语的含义而产生的误解⊖。

最后，应该考虑到人性。有时，人们会确保他们遵守规则的字面意思，即使他们不遵守规则的内在要求，特别是当只遵守规则的字面意思更容易的时候。所以，想想人们试图"钻空子"的方式，并制定你的规则，以防止这种行为。

此外，规则应尽量少而简单，并应确保规则有助于实现某些明确的企业目标。只要可能，为每个规则提供制定规则的原因都是有用的。这一规则的出台是有一定原因的，无论是与具体的企业目标直接相关，还是法律法规的要求。任何没有明确理由的规则都是武断的，并且会干扰企业目标的实现。当人们理解一条规则制定的原因时，会更愿意遵守它。更重要的是，每一个参与其中的人都会明白什么时候该打破这个规则。

在制定规则时，这些准则有一些明显的例外。源自法律或监管要求的规则必须明确规定，每个相关人员都必须明白，违反这些规则会使个人或企业容易遭受严重的后果。所有人都必须清楚地了解这些规则及其来源，这意味着所有人都必

⊖ 关于模糊的语句造成沟通失误的有趣例子，请参见 Abbot 和 Costello 的 *Who's on First*。

须明白不遵守的后果和可能的惩罚。

2. 约束

约束比规则更具体。它们更具有指导性，也更容易执行，因为它们更容易评估。约束实际上是企业级的需求，应该与良好需求以相同的方式来制定。约束应该与评估约束一致性的测试一起开发，并且这些测试结果应该在开发过程中尽可能早地提供给实现团队。当约束和测试对实现团队可用时，更容易确保他们的系统符合约束。只要有可能，就应该使用自动化测试工具来评估约束，从而允许企业架构团队可以快速轻松地评估一致性。最重要的是，约束必须应用于系统的外部可见特征，因为这些特征有助于实现企业的目标。应用于系统内部工作的约束不仅难以评估，而且会将焦点从实现企业目标上移开。

我使用术语进行约束而不是使用需求，因为需求通常是在每个系统的基础上定义的，但约束适用于整个企业。更重要的是，在某些场景中，需求这个词表示特定的法律和法规标准，它们并不总是适用于企业架构工作。例如，在为美国国防部开发系统时，需求是指通过联合需求监督委员会（JROC）过程批准的标准。获得 JROC 对需求的批准可能需要一年多的时间，未能满足 JROC 批准的要求可能会成为取消计划或对承包商采取法律行动的理由。简言之，约束与需求的权重并不完全相同。

但是，约束应该用与需求用相同的语言来表达，并且应该使用与需求相同的标准来判断它们的质量。这意味着它们必须是可以单独测试和执行的。判断约束质量的一种常用方法是使用 SMART 原则。良好约束的必需条件是：

- 相关性：约束必须应用于要评估的相关区域。
- 可衡量性：约束必须是可以衡量的。
- 明确性：约束必须指定它将应用的场景。
- 可实现性：约束必须是利用可用资源可以实现的。
- 时效性：约束必须指定何时对其进行评估。

为了明确约束，必须针对系统中被定义的、可评估的部分。在大多数情况下，这意味着它适用于与人类或其他系统交互的系统外部接口。使约束尽可能具体可以确保测试结果是明确的。例如，"所有系统必须是安全的"这样的约束对于明确的评估来说不够具体。系统的哪些特定方面是必须是安全的？用户身份验证、网络通信、数据存储和系统的许多其他方面都有助于安全性，而且每个方面都必须单独评估，因为每个方面都需要使用不同的方法进行安全保护。表达这种约束更好的方法是，"所有系统都必须使用安全通信协议"。这仍然不是一个好的约束，但至少它是特定的。我们将在下面的内容中改进它，直到我们制定了一个良好的约束。

仅仅说明系统必须使用安全通信协议也是不可衡量的。"安全"的定义是什么？除非我们清楚地定义这个术语，否则我们无法衡量系统是否使用安全协议。有许多网络通信安全协议可供选择，有些协议比其他协议更安全。表达上述约束的更好方法是，"所有网络通信必须使用传输层安全版本 1.2

或更高版本的协议进行保护"。这提供了我们所指"安全"的清晰、可衡量的表达式。显然，使用 TLS 版本 1.1 是不符合要求的，它也不适用于用户密码强度等方面。

我们仍然没有形成一个好的约束，因为它还不能明确指定约束应用的场景。系统有许多通信手段。它们可以通过网络调用服务，它们可以发送和接收电子邮件——系统可用的通信方式非常多。因为这个约束没有被明确指定约束应用的场景，所以它是不可评估的，我们不知道在系统的哪个地方执行评估。我们可以通过重新声明它来改进约束，"所有外部可见的服务接口必须使用传输层安全版本 1.2 或更高版本的协议进行保护"。我们现在定义了一个很好的约束，尽管它仍然需要根据"可实现性"和"时效性"的标准来判断。

确定约束是否可实现应该尽可能明确。我们知道指定 TLS 版本 1.2 的约束是可实现的，因为该协议现在被广泛使用，并且广泛的编程语言和库均支持这一协议。我们可以指定一些较低级别的标准，例如要求网络接口使用 256 位加密密钥（TLS 就是这样做的）。这仍然是一个可实现的约束。但是，指定网络接口使用量子加密是不可实现的，因为市场上没有商业上可用的量子加密设备。

最后，每个约束必须有时效性。在为企业架构建立约束时，没有必要为每个约束单独设置时间限制。在整个架构中指定时间限制就足够了。因为我们真正关心的是在部署时企业中的系统如何发挥作用，所以在最终测试期间，大多数约束都将受到评估。他们也应该在部署后接受测试。第 7 章将讨论定期测试已部署系统与企业约束一致性的必要性。系统会随着时间的推移而发展，补丁或配置的更新也会改变它们的行为。如果我们要了解系统是如何为实现企业目标做出贡献的，那我们必须能够评估它们在当前状态是如何做出贡献的，而不是在进行部署时才进行评估。这意味着定期评估系统，以确保它们仍然符合企业约束。

正如规则应该包括描述其制定的原因，每个约束也应该阐明制定的原因。约束可能是为了强制执行规则，也可能是为了符合企业策略，或者可能有其他原因。必须清楚地理解这个原因。一个对实现企业目标没有明确贡献的约束是在空耗资源。

2.2.3 利用涌现行为

一旦我们为企业架构建立了规则和约束，并将它们应用到系统的开发工作中，我们就拥有了观察和利用企业涌现行为所需的要素。规则和约束形成了系统实现者和用户操作环境的主要边界，也就是说，它们构成了企业架构的基础。用户和实现者对这些边界的响应以及彼此之间的响应会导致涌现行为，这些行为将帮助或阻碍企业实现其目标。企业架构师的主要职能是利用这些涌现行为实现企业目标。

所有复杂适应系统都在规则和约束的框架内工作。蚁群有规则，例如工蚁必须觅食。蚁群也有许多约束条件，例如，任何一只工蚁带回巢穴的食物都是有限的，可供使用的工蚁数量也是有限的，等等。这些规则和约束会对涌现行为产生巨大的影响。正如 Sugarscape 项目所展示的，改变规则和约束会改变涌现行为的本质。赋予个体交易的权力导致了贸易网络的出现和环境承载能力的增加。药物代谢的变化改变了药物的分布，在某些情况下，导致了迁徙行为的出现。

企业架构师同样可以更改规则和约束，以影响企业的涌现行为。通过这种方式，企业架构师可以指导系统开发，而不必涉及如何设计或构建单个系统的细节。理想情况下，从企业架构师的角度来看，系统就像黑匣子一样工作：它们接受一些输入，产生一组输出，对环境有一个或多个影响，并且要么符合约束，要么不符合约束。这就是企业架构师需要的关于单个系统的所有信息，以指导系统开发工作，并且它提供了指导企业实现其目标所需的一半信息[一]。

所需的另一半信息是对企业目标进展的度量。这些信息量化了企业的涌现行为。它既不能解释这些涌现行为，也不能确定它们的具体原因。在企业架构领域，这些过程相对不重要。学者和研究人员可能对特定的原因感兴趣，因为他们试图了解适应系统的原理。但是，企业架构师的兴趣更实际：实现企业的目标并利用涌现行为来达到这个目的。如果企业架构师能够识别特定规则和约束与特定行为之间的关联，这将是一个额外的收获。记住，相关性和原因是不一样的。

第 7 章将详细讨论企业监控，但是在这里讨论这个主题很有用，因为监控是我们衡量企业目标实现进度的方式。企

[一] 可能需要更详细的信息来执行可能属于企业架构师的其他任务，例如项目组合管理。但这一讨论仅限于企业架构的特定任务。

业目标通常是企业在多于一年的时间里要实现的目标。任何企业架构工作都很难实现时间较短的目标，因为采用任何企业架构框架并查看结果都需要时间。

有了长期目标和衡量其成就的方法，并审查了系统实施团队必须遵守的规则和约束，我们就可以开始监控结果了。这些结果是我们想要利用的涌现行为的外在表现。应定期进行衡量，以提供建立和了解随时间变化趋势的方法。即时监控（例如，目前的系统是否符合给定约束）是有价值的，但是由于企业目标随着时间的推移而演变，因此对于企业架构师来说，随着时间的推移企业的行为才是最重要的。

每个企业目标都有相关的度量标准，用于判断企业实现该目标的进度。在任何趋势变得可见之前，需要进行多次度量以建立基线。至少有三个度量是必要的，这些度量必须要定时进行，以确保规则和约束有时间生效。在系统经常更新的企业（如 DevOps 环境）中，测量间隔至少应为一个月。在系统部署频率较低的企业中，不必经常进行度量来获取结果。如果企业每年只部署一次系统更新，那么每月进行一次度量并不能告诉我们变化的程度。

一旦建立了趋势线，我们就可以开始判断企业目标的进展情况。如果趋势线正在改善并在逐渐接近目标，那么我们就能判断出规则和约束是有效的。它们可能不是最优的，但至少有积极的效果。如果趋势线没有改善，或者变得更糟，那么我们知道需要采取行动。适当的措施是审查规则和约束，并将其与观察到的结果进行比较。目标是确定观测结果与适用规则和约束之间的任何相关性。重要的是要记住，相关性并不等同于原因，但它确实为我们提供了寻找问题的线索。

当观察到的结果与一个或多个规则或约束之间的相关性能够被识别时，架构师的任务就是严格地检查规则和约束，以确定它们是否会产生意想不到的不利影响。例如，遵守规则可能会产生与架构师意图不同的效果。实施团队试图绕开规则的努力也很有可能造成不利影响。不管直接原因是什么，架构师都需要更改规则。如果遵守该规则会导致意外的效果，则可以将其丢弃；如果问题是由试图绕开它的实现团队引起的，则可以重新制定规则以堵塞漏洞。另一种选择是制定一个或多个约束来强制遵守规则。

在更改了一个或多个规则或约束之后，至少还需要两个以上的度量周期来确定由更改导致的任何趋势。单次测量将提供一些有关变化影响的线索，但至少需要两次测量，以确保出现真正的趋势，而不是数据中的短暂异常。这也将使变更在企业中生效并反映在数据中，尚未对系统实现产生影响的变更无法显示在数据中。在更长的时间跨度内进行更多的测量，将产生更准确的变化效果图。

有时企业架构师可能需要同时更改多个规则和约束。在进行多次更改时，重要的是要从整体来看这些更改，看是否发生了任何可预测的不良交互作用。任何研究人员都会告诉你，在任何一个实验中，一次更改多个变量都会让你很难预测结果。重要的是进行更改，花时间了解这些更改生效后企业的状态，并重复该循环，随着企业的发展，不断完善规则和约束。这是一项永无止境的活动,因为企业及其目标会随着时间的推移而演变,过去为企业提供良好服务的行为在现在或将来不一定会继续为企业提供良好服务。企业架构师必须持续监控企业并适应其不断变化的需求。

2.3 总结

复杂适应系统就是那句古老格言的例子:整体大于部分的总和。非常简单的构件可以产生令人惊讶的复杂行为,我们可以利用这种现象来提高企业架构工作的有效性。从蚁群到鸟群,自然界中有很多复杂适应系统。研究人员已经开发出在受控条件下成长和研究这些系统的框架,让我们深入了解环境条件变化如何影响涌现行为,即使我们不了解这些行为是如何产生的。

每个企业,即使是小企业,都是一个自适应系统。但是,小企业相对容易管理,而大企业会产生更多的涌现行为,这使得企业架构师的任务特别困难。想要了解每个系统功能的细节,并确保系统实现团队符合企业架构,通常会导致设计评审和开发策略的复杂系统。许多这些策略和程序都是针对企业的自然涌现行为的。这将会把注意力从满足企业的真正目标上转移开。通过将复杂适应系统研究的概念应用到企业架构中,我们可以利用企业的涌现行为来简化企业架构,并将资源重新集中在满足企业的实际目标上。

企业架构师的任务不是理解每个系统如何运行的细节,

也不是控制实现团队，而是将涌现行为引导到有助于实现企业目标的生产活动中。企业架构师用来影响涌现行为的关键工具是规则和约束。通过发布清晰的规则和约束，企业架构师可以清楚地定义必须做什么，而无须指导如何去做。这为实现团队提供了发挥创造力的空间，以确保他们的系统符合企业规则和约束，同时有效地满足用户的需求。

由此产生的由规则、约束和开发团队组成的生态系统将以我们无法完全预测的方式相互作用，从而导致涌现行为，要么提高企业相对于其目标的绩效，要么降低企业绩效。定期评估为企业架构师提供了识别和理解企业相对于其目标的性能趋势所需的数据。这些信息可以用来更新规则和约束条件，以促使产生的涌现行为朝着更积极的方向发展，但它确实需要耐心，因为行为不是瞬间出现的，因此结果只能随着时间的推移而精确地测量。

即使结果是一致积极的，企业架构师也必须定期检查规则和约束，以确保它们仍然与企业的目标保持一致。业务环境和技术会随着时间的推移而变化，因此企业的目标也会发生变化。同样，架构也必须改变以保持相关性。

第 3 章

企业架构框架概述

企业架构框架是一种哲学理念,它阐述了如何设计和构建企业系统,以及系统之间如何相互作用。同其他哲学理念一样,企业架构框架也是一种归纳工作思路的方法。企业架构框架建立在基于模型的工程基础之上,通过创建模型,以一种能够自动解析的格式准确获取企业架构中最重要的内容元素。企业架构框架只针对企业管理中需要且必要的内容进行详细的建模,除此之外,其他内容或无关紧要,或者完全属于解决方案架构(即针对特定系统构建的架构)的领域范畴。

与传统的企业架构框架不同,本书并不提倡自上而下的递归分解方法,这种方法往往将创建高度抽象作为开始,然后一直构建到足以实现必要的组件或系统的程度为止。相反,本书主张创建一个精确的模型层,为实施人员开发符合标准的系统提供指导，最终帮助企业实现目标，比如，用于实现特定目标的企业级流程模型，或者将独立系统视为黑盒的系统互连模型。这些企业级模型为评估企业目标实现进度和调整企业运营方式提供了基础。同时，这些模型也为企业架构师提供了必要的数据，用于执行系统的自动化分析和掌握系统对实现企业目标的贡献度。

3.1 模型

在开始深入研究架构模型之前，我们首先要清楚模型的准确定义。许多架构师经常将模型和图混为一谈，但它们的意义并不完全相同。要理解它们之间的区别，以及为何模型要比图更有用，对我们来说至关重要。

模型是采用形式化方法对系统或系统部分的一种规范。那什么是形式化方法呢？形式化方法是指用精确数学符号来描述事物的方法，而精确数学符号指的是语法（或结构）和语义（或含义）规则都有明确定义的符号。典型的精确数学符号便是算术等式，加法符号（即"＋"）的语法是公认的，其语义定义也很清晰（即将"＋"符号左边的数字增加到"＋"符号右边的数字上）。加法符号还有其他关联的语义，比如传递属性和互逆属性，这些语义也都具有清晰的定义并且得到公认。因此所有熟悉算术的人在看到"＋"符号时，对其含义都会有共同的认知。

与之相比，图是对事物的图形化表示。有些图也可能具有形式化语法,但是它们在数学上却是不精确的。例如,任何人都可以使用 Microsoft Visio 之类的绘图软件来生成对系统或企业的图形化描述,但是这些图的语义定义并不明确,并且充满歧义。被某个用户用作 Web 服务器的图标可能会被另一个用户用作数据库服务器,我们只能通过明确的图例(用于指定图中使用的图标所代表的内容)来减少歧义。此外,图中元素之间的关系也不明确,元素的许多内容都没有被定义,比如,Web 服务器可以连接到哪些元素,以及它们之间是如何连接的。由于未明确指定元素之间的关系,因此对图执行自动化分析很困难,只能在一定范围内或一定概率上产生准确的结果。虽然图在向人们传递思想方面具有独特的优势,但其固有的低准确性问题导致很难对其进行自动化分析。

3.1.1 简单案例

为了说明模型与图之间的差异,下面我们来看一个基本三角函数中的正弦函数的案例。我们可以用三种方式来定义正弦函数:语言描述、图、模型。正弦函数的语言描述定义为"对于直角三角形中的任何锐角,正弦被定义为与该角相对的边的长度与该角相邻的斜边的长度之比"。尽管从专业角度来讲这是正确的,但它并不能告诉我们关于正弦函数的外观或表现形式。此外,对于计算机而言,这种定义几乎是不可理解的。

我们还可以使用图来定义正弦函数。图 3-1 展示的是正弦函数图。同语言描述定义一样,这幅图从专业角度来讲也是正确的。图的优点是让人们更容易理解此函数的表现形式,但该图也未提供计算机可用的定义。并且,该图也是不精确的,不同的观察者对"$x=1$ 时 y 的值是多少"这个问题会给出不同的答案,要回答这个问题,需要在阅读此图时在轴上的值之间进行插值,这是图固有的不精确行为。另外,将语言描述定义转换为图,或将图转换为语言描述定义对于人类而言相当困难,对于计算机来说更是不可能实现的。

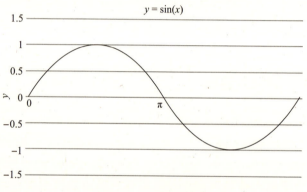

图 3-1　正弦函数图

另一种定义正弦函数的方法是使用精确数学规范。请看正弦函数的以下定义:$y = \sin(x)$,任何熟悉基本三角函数的人都能够理解此定义,而现代计算机编程语言也能够理解并应用它。任何计算机都能以相同的方式来处理此函数,并且对于问题"$x=1$ 时 y 的值是多少",都能返回相同的答案[⊖]。除此之外,此函数可以根据需要生成图 3-1 所示的图。语言

⊖ 虽然可能存在舍入误差,但它们被认为是相同的。

描述定义只在限定的范围内使用,可以在许多参考著作中找到。

许多企业架构活动的重点都放在图的生成上,因为与正规的模型相比,图更易于生成,而且对于管理者而言图也更容易理解。使用 Gliffy、Balsamiq、Microsoft Visio 或其他工具可以创建各式各样的图,但它们并不是模型,也不能使用自动化方法对其进行分析。并且由于它们与实际系统和接口之间的关系精准对应,因此每次更新系统时都必须手动对图进行更新。手动更新图需要花费大量的时间和资源,而这些资源本来可以投入到对企业更有意义的工作中。

3.1.2　对什么建模

"所有的模型都是错误的,但是其中一些有用[⊖]。"
　　　　　　　　　　　　　　——乔治·博克斯,数学家[⊖]

请不要被前面有关形式化方法的讨论吓到。市面上有各式各样的建模工具,这些工具能够让架构师们更加轻松便捷地构建精确数学模型。这些建模工具通常提供了对建模方法的抽象,不再使用数学语言而是使用图形符号来描述架构。简而言之,这些建模工具屏蔽了数学的细节,使架构师能够

⊖ George E. P. Box, "Robustness in the Strategy of Scientific Model Building," in *Robustness in Statistics* (Elsevier, 1979), pp. 201–236.

⊖ 乔治·爱德华·佩勒姆·博克斯(George Edward Pelham Box, 1919—2013)是一名英国数学家,在统计学、质量控制、时间序列分析和其他领域做出了重大贡献。他创立了威斯康星大学麦迪逊分校的统计学系。

更加专注于全局。总体而言，市场上大多数建模工具都对常用的建模语言（如 UML、SysML 等）提供了良好的支持，这使得架构师可以专注于对何建模，而不是如何建模。

在 1979 年 5 月发表的一篇论文中，数学家乔治·博克斯提出"所有的模型都是错误的"。这是因为任何模型无论多么精确，都是对其所代表事物的一种抽象，而抽象本身就是错误的，因为它缺少了原始事物的某些细节。如果不缺少任何细节，那它就是副本而不是模型了。当执行建模任务时，必须要确定模型在哪里会出错，但是，同样也不要忘了博克斯名言的下半句"但是其中一些有用"。建模中最棘手的问题就是确定模型的哪一部分可能出错，同时确保模型仍然有用。

我们将企业架构称为企业的一个模型，这种说法并不完全正确。实际上，企业架构并不是一个单独的模型，它是一系列相关模型的集合。模型集合中的每一项都是对企业某方面（例如，企业的信息系统）的描述，当然，企业也有未进行建模的某些方面，也就是说，架构师决定了企业架构的哪些部分是错误的，因而未对其进行描述。企业架构师的任务就是要确定必须要对企业的哪些部分进行建模，以使得架构有用。

除了决定要对企业的哪些方面进行建模之外，架构师还必须决定模型的详细程度。对于组成企业架构的模型，架构师必须决定哪些部分需要进行精确的构建，哪些部分可以简化乃至忽略。同样，架构师也需要确定每个模型的错误程度，即模型的哪些方面是最重要的，哪些方面可以抽象表示。

没有严格的规则来指导对何进行建模以及每个模型的详细程度。决定对何进行建模更像是一门艺术，而不是一门科学，它会随着环境的变化而变化。例如，将开发系统模型作为系统架构的一部分时，该模型必须精确定义系统将要执行的操作，并且准确地描述最终系统将如何运行。但是，正如前面所说的，企业架构并不需要详细到这种程度，在企业架构中，这样的详细程度会造成资源的浪费。

虽然在确定对何进行建模时并没有严格的规则，但通常我们可以借鉴一些经验，其中最有用的一条是：应当针对解决特定的问题进行建模。也就是说，当架构师或管理者需要更好地理解企业的某些方面时，可以创建该方面的模型，该模型需要足够详细以回答架构师或管理者的问题，但仅此而已，除了回答这些问题所需的细节之外，创建另外的细节都是在浪费精力，并且随着时间的推移，维护模型所需的工作量会不断增加。

为了说明这个概念，我们来看一个简单的例子：假定公司管理层想弄清楚公司需要从外部获得数据的种类和数量，这个问题可以通过对公司系统中获取外部消费数据的接口进行建模来解决。仅对此问题而言，对公司内部系统之间的接口进行建模则是多余的工作，因为公司内部系统之间交换的数据并不在本问题讨论范围之内。当然，可能会有其他的理由需要对那些内部接口进行建模，但是，对于回答初始的问题，内部接口建模不会有任何帮助。

另一个好的经验是，要为整个企业中需要标准化的事项进行建模。首先,这将是大有益处的,因为它为所需事项提供了独立的规范,该规范可以被系统的实施团队重复使用,为实施团队节省一些工作,也能让不同的实施团队更容易创建相互兼容的功能版本(如果不同的实施团队从同一企业模型中仍然创建了不兼容的版本,那么就说明该模型还不够详细)。其次,创建独立模型能更容易地评估企业整体的一致性,每个实施方案都能够按照相同的模型进行评估。

例如,对用户而言,普遍存在的问题是不同的系统往往需要相互独立的用户名和密码,用户需要记住所有的用户名和密码,并且能够区分其对应于哪个系统,这将是一项困难的工作。为了改善这种情况,企业可以决定所有系统都使用公共身份验证组件,在企业的层面上创建此组件的独立模型的工作量会比各个实施团队分别针对自己的设计创建此类模型的工作量更少。

我们要讲的最后一个经验是:合理确定单个模型尺寸。数量众多的小型模型会使得管理工作变得困难,数量少但复杂的模型会让人难以理解,合理确定模型尺寸就是对这两种情况的一种平衡。一般而言,如果某个组件的定义明确,并且可以对其进行独立分析,那么它的大小就可能适合建立独立的模型。请注意,模型不必设计得很复杂,只要可以回答架构师和管理者的问题即可。

总而言之,创建架构模型时要努力达到的效果就是:模型有用。正如乔治·博克斯所说的那样,"模型往往是错误的",那是模型的固有特征,但是,这并不意味着模型就没有用处。确保模型有用是架构师的首要任务。

并非所有模型都起到相同的作用,对企业而言,某些模型比其他模型更加重要。此外,某些模型是创建其他模型的基础模块。我们将企业架构模型分为两个主要类别:主要对象和次要对象。我们将在以下各节中分别描述每个类别,并对各类别中的模型进行深层次的讨论。

3.2 主要对象

主要对象指的是在企业架构中十分必要的元素。具体来说,就是架构中的"人,物,时间,地点,原因"(即"who, what, when, where, why",而"how"(如何)则由企业行为所决定)。如果没有主要对象,那么很难说这个企业架构会具有实质意义,即使其包含一系列用于描述企业各部分的模型的集合,也不代表其拥有能够真正描述企业的架构。

本书并不将主要对象称为"模型",因为从严格意义上来讲,它们只是可以表示为模型的元素,而不是独立的模型本身。在后面的章节中,我们将讨论如何对这些对象的细节进行建模。本书的主要目的在于解释为何创建这些主要对象以及它们对于创建企业架构的重要意义。

3.2.1 目标

目标是架构背后的驱动力,但是大多数架构框架却忽略了它。这种对目标的忽略造成了过去几十年企业架构实践中的严重失败。如果目标不作为企业架构的主要对象，那么架构师和管理者都可能会忽略它，并且会被建模过程中的细节分散注意力，其最终导致的结果是，企业架构活动变成了与企业的运营和管理无关的利基行为。

简单来说，目标就是企业架构活动的"why"，它定义了企业架构活动存在的原因。仅仅为了构建企业架构而进行企业架构活动是没有意义的。为了确保整体工作不会退化成架构师的一项简单任务，企业架构必须具有明确且可衡量的目标[○]。任何不可衡量且不进行定期评估的目标都不可实现。人的本性就是这样，容易关注那些会被评估的事物而忽略不会被评估的事物。

企业架构需要定义两种类型的目标：企业目标和架构目标。

1. 企业目标

企业目标指的是企业要实现的目标，也就是首先进行企业架构活动的原因。企业为什么要从事特定的活动呢？为了实现某些目标。企业架构就起到定义和记录这些企业目标的作用。企业目标可以是内部的，也可以是外部的。

内部目标指的是描述企业内部运作的某些方面的目标，这些方面不直接涉及外部组织。这种目标可以通过某些行为达成，例如提高效率，而实现目标的结果对于企业外部人员

○ 要创建明确的目标，请使用第 2 章中定义的 SMART 标准。

来说往往是看不到的。这种目标可能是面向业务的，可能是面向人事的，也可能与企业运行中涉及管理的任意方面相关。

我们来看一下内部目标的一个案例：一家企业希望通过增加软件复用和不同系统开发团队之间的合作来节省其信息系统预算中的成本。例如，其目标是在企业层面购买数据库产品，所有的系统都可以重复使用该数据库，以代替各独立开发团队单独购买数据库。除了可以节省数据库许可成本之外，由于整体采购数据库产品需要的人员和专业培训更少，因此可以节省更多的成本。

外部目标指的是描述企业与其他外部组织之间关系的目标。外部组织可以直接观察到这些目标的实现结果，并且效果相当明显。这些目标通常是面向业务的，当然也有例外情况。

外部目标的一个案例是：在特定细分市场内增加销售额。例如，零售商希望增加其来自在线销售的收入比例，或者希望增加其在年轻客户中的市场份额。

内部目标与外部目标之间重要的区别是：实现外部目标需要与企业外部的组织进行某种交互，并且这种交互对企业如何实现这些目标会有约束，而企业在实现内部目标过程中通常具有更大的灵活性。

2. 架构目标

企业所进行的每一项活动都应该具有一定的驱动力。企业出于某种原因在该活动上投入资源，企业架构项目也不例外。这其中存在一些问题，虽然架构工作专注于改变企业，但是通常情况下，架构工作从来不会回顾自身是否对企业产生了可衡量的影响。企业架构活动完全有可能持续数年时间，却不会对架构团队之外产生任何效果。其结果是，企业架构活动通常会变成"自舔冰激凌筒"（self-licking ice cream cone）——一种进行了很多活动，但却没有实际用处的项目。

为避免此种问题的发生，企业架构项目本身需要具有一些可衡量的目标，而企业架构活动必须要有一些可衡量的有用结果。由于管理层才是企业架构团队的主要客户，因此大多数架构目标都从架构团队和管理层关注的事项出发，而不是从整个企业的层面出发。

更正规的说法是，企业架构活动应该是自我参照的。企业架构应该建立适用于企业架构活动本身的规则和约束，并且要像对其他系统一样，对这些规则和约束的符合性进行度量和报告。

企业架构活动的目标有：改善系统之间的互操作性，提高实施团队产品与架构之间的一致性（使产品更易于审核），以及掌握企业中每个系统对实现企业目标的影响，等等。这些架构目标的效果很可能只有架构团队和管理层才看得见，而实施团队可能只会注意到一些次要效果，比如花更少的时间向企业架构团队证明设计决策的合理性。

3.2.2 策略

具有明确的目标是企业改进的必要前提，但没有策略的目标只是一种空想。无论要实现何种目标，都必须以计划的形式制定策略，并通过策略来增加实现目标的可能性。

实现企业架构定义的每一个目标都必须至少有一个对应的策略。如果目标是企业从事一切活动的"why"，那么策略就是"what"，即企业为实现该目标而采取的行动。要明白，策略并不是详细的实施计划，它是一种关于大规模行动的广泛陈述。与军事计划进行类比能够使你更深层次地理解策略的含义。

每种军事计划都属于以下三种类别之一：战略、战役和战术。战略计划是在相对较长的时间（通常是数年）内实现目标的计划；战役计划的范围比战略计划要小，表示了如何实现战略计划中的某些子目标，战役计划的范围通常以月或周为单位；战术计划是那些在实现目标时解决所遇到的问题的日常活动，它的流程符合战略和战役目标。在第二次世界大战期间，同盟国军队击败纳粹德国的战略是进入欧洲并击败轴心国军队。"霸王行动"，即诺曼底两栖登陆是许多并行的战役计划之一（其他战役计划也是更大的战略计划的一部分，例如轰炸和海军拦截）。在"霸王行动"中，实施了许多战术计划，例如，将空降兵投放到纳粹防线之后，步兵在海滩登陆，舰船轰炸纳粹的防御阵地，等等。

在制定实现企业目标的策略时，需要对企业情况有更深层次的了解。如果我们要将企业架构作为复杂的自适应系统进行管理，则尤其如此。在企业层面进行的任何改变都会对企业的涌现行为产生影响，但是这些影响要经过一段时间才能显现出来。有些效果可能会在几周内出现，但大多数效果可能需要几个月才能显现出来。

请记住，只有经历足够的时间之后，企业架构的变更才能反映在系统的开发和部署中，所引起的影响才开始显现。

3.2.3 参与者

明确地定义要实现的目标和策略固然很重要，但如果不给目标和策略分配参与者的话，也不能实现目标。参与者可以是个人、组织甚至是系统，还可以是任何能够从事某项活动的事物，它可能在企业内部，也可能在企业外部。

除非有人负责实施策略和实现目标，否则目标和策略都将是空谈。必须在企业架构中对这些负责人进行标注，否则这个架构不完整。更重要的是，在评估企业实现其目标的进度和企业架构的效果时，要从正确的角度进行评估。如果增加特定市场的销售额是企业的目标，那么通过系统接口对国际数据标准的符合性来衡量实现该目标的进度是没有意义的。系统实现团队采取的任何措施都无法直接影响销售额的增长。

但是，负责实现目标和执行策略的人并非孤立地行动，还有许多其他参与者，它们也必须被视为企业架构活动的一部分。系统实现人员可能并不直接负责增加销售额（更像是业务开发的职能），但是如果系统实现人员正在采取的措施会对销售增长产生不利影响，那么清楚这一点就变得很有必要了。同样，还要确定谁不参与策略的实施或目标的实现过程，如果业务开发团队负责在给定的细分市场中增加销售额，但是没有广告团队的人参与实现该销售目标的策略，则可能表明该策略存在缺陷。

值得注意的是，参与者是企业的组成单元。虽然有些个体参与者对企业会有特殊的影响（例如首席执行官），但大多数参与者都是企业的组成部分，并且在企业的涌现行为中，他们的行为显而易见。尽管每个人都是重要且独立的参与者，其活动可能会影响企业，但我们真正关注的是企业作为整体的涌现行为。

3.2.4 流程

我们可以认为流程是对策略的一种理想化实现。流程表示我们所认为的策略在实践中应有的样子。流程定义了策略制定人员所认为的参与者执行活动的顺序，以确保按预期实现策略并实现相关目标。虽然定义流程很重要，但请记住，许多流程在现实世界中并不适用，如第 2 章所述，无论流程设计得多么精妙，涌现行为都会造成无法按照预期流程执行的情况。架构框架的重点是帮助你识别这些情况并将其转变为优势。

也就是说，并非所有流程都是等同的。有些流程实际上是理想化的策略，会随着涌现行为的发生而变化，但是另外一些流程，通常是与某些法律或法规要求有关的流程，就不是理想化的实现，而是必须严格遵循的，它能够避免将企业置于法律危险之中。在架构中定义流程时，应该详细指出那些必需的流程以及它们的出处（例如，规定该流程的法律章节）。

会有一些原因使高级管理者授权使用某些流程，实际上，这些流程除了被人们所熟悉以外，没有任何其他实际效果。这些流程存在多年的理由可能是"这就是我们长久以来做事的方式"，或者是管理者想要对业务的某些方面进行控制。在任何时候都要大力打击这种行为。在当今瞬息万变的环境中，"我们一直以来都这样做事"的逻辑对任何企业来说都是致命的。

企业架构方法的要点是，试图从上到下定义流程会适得其反。为了挖掘复杂系统的内在潜力，参与者必须能够自由创新，并找到更好的方法来实现企业目标。涌现行为是我们想要利用的优势，但它不会在控制过紧的环境中发生。当获得新信息、环境因素发生变化、新技术出现或现状发生变化时，企业必须拥有一定的自由来快速响应这些变化。

3.2.5 数据

有人说，在信息经济中，"数据是新的石油"。自古以来，无论对于制造业、政府还是任何其他组织，数据都是命脉。早在古老的美索不达米亚，如果农民不知道在哪里寻找潜在的客户，他们就无法赚钱；如果编织者不了解人们想要购买哪种布料，他们就无法出售布料。直到近代，这些数据还只存在于书本上或人们的意识里，任何人都无法掌握所有数据，更不用说将其整合为一个可理解的整体了。一些小团体也只是掌握了与其相关的部分数据，以及如何最好地利用它们来实现目标和完成分配的任务。数据分析也只是由领域专家经过艰苦的人工计算得出的解决特定问题的方法。对企业规模的数据进行分析和可视化更是不可能的。但是在过去的30年中，随着大规模存储和自动化分析的普及，这一切都发生了变化，从而彻底改变了我们与数据的关系。

利用当今可用的工具，即使是对于小型企业来说，都可以将存储大量数据作为一种日常工作。利用通用的现成工具，只需要几个小时就可以完成以前只有领域专家才能进行的高度复杂的数据分析。20年前需要使用特定工具花费几天才能完成的数据分析任务，如今可以使用商业电子表格软件在几个小时内完成。这种新的现实创造出了新的数据驱动型业务策略，从微观目标广告到企业规模的效率计划。

这些发展使一些人认为，由于他们拥有集中管理和优化组织各个方面所需的工具，因此有可能获得对企业状态近乎完美的了解。这种想法的缺陷在于，技术进步使人们可以轻松地存储和分析大量数据，也使得数据累积得越来越多，我们收集和存储数据的能力仍然远远超过我们分析和理解该数据量的能力。数据分析在很大程度上仍然是目标明确的任务，旨在回答特定问题和揭示对整个企业的细致了解。

从研究性质的项目到可商用的工具，我们分析海量数据的能力正在不断提高。尤其是深度神经网络等机器学习技术的进步，使自动化分析任务成为可能，而这些任务在几年前还只能由人工执行。但是，机器学习并不是一个神奇的过程，它需要大量数据才能产生有意义的结果，而数据的格式和结构必须适合所应用的特定分析技术。

且不管数据量和分析技术如何，如果分析工具无法理解数据的语法和语义，就无法对数据进行分析。语法可以通过观察数据进行理解，而语义却不尽然。数据库表名和列名可以为语义提供一些线索，但它们并不可靠。比如某些旧数据库会重新调整某些字段的用途——在联系记录中，最初存储电子邮件地址的字段被重新用于存储 Twitter 账号，或者地址字段的第二行用于包含地址附近的地标。即使没有重新定义数据字段的用途，在自动分析中也不能完全依靠表名和列名提供的线索。必须明确告知计算机每个数据元素的语法和语义是什么，而且计算机无法像人类那样适应意外的输入。我们需要以一种分析工具能够读取和有效使用数据的方式对数据建模。只有清楚而明确地定义企业存储的数据以及系统与外部组织之间交换的数据的语法和语义，我们才能使用自动化分析。

3.3 次要对象

前面所介绍的主要对象是构建企业架构的最小集，也是构建企业架构剩余部分（以及许多系统的架构）的基础构建模块。我们下面所要讲到的模型称为"次要对象"，并不是因为它们的重要性居于次要地位，而是因为在定义主要对象之前无法对次要对象进行充分的定义。这并不意味着主要对象需要构建完全，但是确实需要指定足够详细的信息，才能够开发次要对象。

与主要对象类似，次要对象也不是完全成熟的模型。这些次要对象并非不可或缺，它们随着企业架构的逐渐成熟和系统开发团队的重用过程逐渐建立。将主要对象作为构建模块来创建的次要对象，能够使构建模块变为更有用的结构。

3.3.1 系统

在企业架构中不应该定义系统实现的细节，但是系统以及它们与企业架构的目标和元素之间的关系，对企业架构开发来说却是至关重要的。如果企业架构的目标是理解和改变企业运行的方式，那么对企业内部系统及其关系进行深入的了解将是创建企业架构的关键。

在企业架构中，应该将每个系统视为一个抽象整体，我们不需要获得其内部运行、存储和操作数据的实现细节。对单个系统来说，要关注的是它的输入、输出、产生的效果以及与规则约束的关系，系统被视为一个独立的组件，如果存在其他系统可以在接受相同输入的情况下产生相同的输出和效果，那么就可以对该组件进行替代。

需要指出的是，我们并没有将规则和约束的符合性作为判断一个系统是否可以被另一个系统所替代的条件。规则和约束的符合性并不是关于一个系统能否被另一个系统替代的问题，而是关于一个系统是否应该被另一个系统取代的问题。一个系统是否应该替换为另一个系统是企业运营过程中的一种决策。随着系统更新（通过升级或配置更改）或规则和约束的更新，架构的规则和约束符合性可能随时间而变化。在某些情况下，企业管理层可能会放弃某些系统的合规性。例如，企业已经将系统替换为符合标准的系统列入规划，或者企业可能更愿意改变其规则和约束以适应系统的实际情况。

由于规则和约束的符合性可能随时间变化，因此这些信息不应该由架构师手动进行建模，而是应该通过定期评估来获取。这些评估应该尽量自动化实现，以确保结果的可重复性和一致性，同时能够提高效率。如果约束的格式比较正规，那么为每个约束条件创建自动化测试就会相对容易，从长远来看，这样做能够为企业节省大量的资源。本书将在第 7 章中更详细地讨论评估。

在企业层面对系统进行建模，重要的是要清晰且完整地记录其外部接口，任何可以被外部系统访问的系统接口都必须记录在案。这样做的原因是，任何可用的接口都是潜在的安全漏洞，而了解存在哪些安全漏洞是进行安全规划的首要步骤。更重要的是，接口是系统互联以实现流程的通道；接口也是企业中其他系统（以及企业外部获得权限访问的系统）访问本系统所提供的数据和功能，用以实现企业目标的通道；接口还是系统接收输入并传递输出的通道。没有外部接口的系统会被定义为"烟囱"，而"烟囱"对企业来说作用有限。

在企业架构中对系统进行建模的首要任务是获取该系统对实现企业目标的作用,以及该系统如何融入企业的流程。如果一个系统对实现企业的目标没有直接的作用,或者不是实现企业目标的流程的重要组成部分,那么我们应该考虑这个系统是否应该存在。

3.3.2 行为

正如第二章所讨论的,企业行为是由企业所有元素相互作用而产生的,这些行为的影响可能是相当惊人的。实际上,行为就是参与者和系统所要做的事,它是流程和策略的表现形式。如果说流程是一个策略的理想化实现,那么行为就是企业如何实际运作以及如何执行该策略的现实操作。

由于行为是在企业活动中自发产生的,因此不能靠传统意义上闭门造车的方法来进行建模。相反,必须要在企业及其系统的实际运行过程中获取行为。企业中的监控工具(比如网络防御工具)能够提供关于用户如何利用系统以及系统间如何相互通信的详细信息,系统审核日志能够提供关于系统如何使用、数据如何在企业内部系统间流转、以及如何流入流出企业等附加信息。

对系统日志和网络监控工具的输出进行人工检查既困难又耗时,并且要理解这些信息通常需要相对专业的知识。然而,网络监控工具和系统日志可以生成格式化数据,这些数据能够被转化为工作流模型。将所得到的工作流模型与设计的流程模型进行比较(假设它们格式兼容),可以评估实际行为与设想流程之间符合的程度。

在某些情况下，特别是在有法律或法规要求符合特定流程的情况下，能够识别出对该特定流程的偏离是企业的一种重要的能力。而在其他情况下，对原始流程的偏离可能并不那么值得关注，甚至可能会值得庆幸。因为实际发生的行为可能比最初设想的流程更有效率，或者实际行为可能会对企业的运作方式提出另外的见解。行为也可能反映出一些情况，例如在预想中对实现特定目标至关重要的系统，在实际操作中并没有起到任何作用，或者在实现给定目标时，所涉及的系统比架构师最初设想的要多。

虽然获取的行为能够反映一些情况，但行为本身并不会给出明确的答案。它只是提示企业架构师和管理者应将注意力集中在何处，以便更好地了解企业中实际发生的情况以及促进或阻碍企业实现其目标的因素。

3.3.3 环境

乍一看，对环境进行建模的想法可能有些吓人。毕竟，企业所处的环境是非常广泛的，为企业环境建模意味着庞大的建模工作量。但请记住，建模是创建一个完整的、足以回答所提出问题的事物的抽象，而不是完全如实地反映原始事物。

由于环境的概念意味着海量事物的集合，因此我们需要先对环境进行定义，再进行进一步讨论，这有助于框定讨论的范围。在讨论企业架构时,我们不会以类似"周围的一切"这样的说法来定义环境,我们将使用其狭义的定义,即"那些对企业有影响但在架构师控制范围之外的事物"。其中包括法律法规,与企业互动的其他组织(如供应商,客户和竞争对手),甚至是经济力量和天气。例如,银行的环境包括联邦、州和地方银行法,通货膨胀率,以及美联储设定的利率等。

实际上,环境模型可能会非常小。因为,仅仅为了建模而建模是一种浪费精力的做法,所以环境模型应该只包含那些对企业有直接影响的环境部分。从某种意义上讲,应该把环境当作一个系统,其内部功能是隐藏的,你所掌握的只有从它那里得到的输入,向它发送的输出,以及它产生的效果。请记住,企业的方针政策也是环境的一部分。当然,在一个健康的组织中,架构工作可以推进企业方针政策的变革,因此,企业的方针政策并没有完全超出架构师的控制范围。

环境建模非常重要,因为环境会对企业的运作方式以及是否可以按照计划策略实现目标产生直接的影响。环境会影响企业的目标,原因很简单,许多目标的制定与环境直接相关。例如,企业的目标是将销售额提高一定百分比,那么会有许多环境因素对其有影响。例如,供应商可以提供那么多所需的原材料吗?竞争对手的举动会有什么影响?是否存在如消费者安全法等监管方面的顾虑?

环境会影响流程和行为,因为环境是流程和行为执行的地方。环境会影响那些执行流程的参与者的行为,它会对某些行为有利，同时对其他行为产生约束。环境的因素可能会导致无法按照最初设想的流程执行。对于法律法规或政策所定义的强制性流程也同样如此。记录和量化环境对企业流程执行的影响，有助于改善流程，使得其更加贴近实际。忽略环境的作用就意味着忽略了对企业影响最大的因素。

回想一下，有效的建模在很大程度上是一个判断模型在哪里出错的过程。在对环境进行建模时，这并非易事，因为有太多因素可能会对企业产生影响。有的显而易见，比如法律或法规（可以用约束来表达）；有的可能不那么明显，也不容易量化，比如竞争对手或供应商行为的影响，但架构团队至少应该考虑到这些因素。环境的影响因素很可能会随着企业和外部世界的变化而变化。同企业架构的其他要素一样，环境也需要进行定期检查和更新。

3.3.4 标准

标准对于任何企业来说都很重要，通过标准可以更容易地将不同团队生产的组件进行集成，从而提高互操作性。当两个团队构建符合同一标准的接口时，它们更容易相互兼容（虽然不能百分之百保证），无论对硬件还是软件，都同样适用。由于标准的目的是提高互操作性，因此对于企业架构师来说，接口的标准是最为重要的。企业架构师所关注的标准是指接口以及流经它的信息，而组件内部使用的标准并不是企业架构师所关注的。掌握企业使用了哪些标准以及它们在何处使用，有助于架构师了解组件（或系统）变更的潜在影响，也有助于确定标准变更对企业所产生的影响。

在这里，要澄清一下上文所提到的标准。韦氏词典将标准定义为：经权威、习俗或普遍认可而建立的模型或示例⊖。在政府和制造业中，标准通常具有更严格的定义，是由标准制定机构批准的规范。国际标准化组织（ISO）、电气与电子工程师协会（IEEE）、国际计算机学会（ACM）等组织发布了一系列令人眼花缭乱的标准，涵盖了从合金成分到计算机语言结构的全部内容。仅ISO一家就发布了超过22 000个标准。

理论上，所有这些标准都有助于提高互操作性，在大多数情况下，它们也确实提高了互操作性。但是，所有曾经构建过系统，特别是信息技术系统的人都会告诉你，仅仅实现标准是无法保证互操作性的。信息技术标准通常会包含一些可选项和歧义项，不同团队在实施过程中会有不同的选择，从而导致无法享受到标准化所带来的好处。

实际上，没有人真的在乎理论上的说法，他们只关心如何完成工作，而完成工作注重的是实践中的效果。仅仅因为给定的接口未对交换数据实现ISO标准，并不意味着必须要修改此接口，如果使用该接口进行通信的组件运行良好，并且没有对企业或实现企业目标产生不利影响，那么就无须更改接口以符合ISO标准。采用商业标准或国际标准应该出于商业或运营的考虑，如果采用标准只是为了声明该企业"符

⊖ *Merriam-Webster*, 11th ed. s.v. "standard," https://www.merriam-webster.com/dictionary/standard.

合标准"，那么这就类似于为了建模而进行建模。

企业中运行的一切都有标准。采用"公司标准"或"组织标准"并不意味着比采用标准制定机构的标准更有优势或劣势。对于企业架构师来说，无论接口和流经接口的信息的形式如何，都要有可供实施团队使用的详细文档记录。这意味着接口需要被正式地定义，包括接口的精确语法和语义，以及该接口所使用的数据或产品。

一般来说，企业架构活动不需要为标准创建模型，因为经过良好定义的标准已经具备了模型的许多特质（例如，语法和语义都有很好的定义，通常使用精确数学符号来表示，等等）。大多数情况下，只要将标准与实现它的元素关联在一起就足够了。但也有例外，在某些特殊情况下可能有必要为标准创建模型。

采用现有的标准不应该被认为是浪费时间和精力。在许多情况下，采用标准能够节省大量的工作，特别是对于信息系统来说，实现了通用标准的库很容易被重用。本书的意图仅仅是强调，过分关注标准的合规性可能会使架构师忘记了采用标准的初衷，即帮助企业有效地实现其目标。

3.4　总结

企业架构框架采用了一种完全不同的构建方法。与传统中自顶向下的方法不同，传统方法逐步地将高层模型分解为对构建系统更具体的描述，本书中描述了一种更专注于实现企业目标的特定方法。

企业架构的目标是帮助企业实现其业务目标,例如消除冗余系统或增加市场份额。更具体地来说,企业架构的目标指的是企业所希望带来的效果、实现这些效果的方法、实现效果所需的资源以及企业内部产生的资源,这些信息应在企业架构中进行明确,实际上,这些也是企业架构应该包含的主要信息。为企业架构活动本身建立目标也很重要,架构团队和管理者可以通过目标来衡量企业架构活动的有效性。

企业架构中的信息应该是形式化的模型,即可以进行自动化分析的精确数学描述。图在向管理者或没有工程背景的人解释概念时有用,但是图过于模棱两可,无法应用自动分析来处理企业内不断增长的数据。

建模的目的是回答企业架构师和企业管理层的问题。创建模型应该回答这些特定的问题,而不仅仅是为了创建模型。创建这些模型时,请记住,所有模型,包括构成企业架构的模型,都不是对现实的完美表示。它们不需要获得正在建模的事物的全部细节,足够回答所提出的问题即可。对于有效的企业架构活动而言,清楚哪些不需要建模与清楚哪些需要建模一样重要。

在建模时,某些模型和模型元素相比于其他模型来说更为基础,并且可以作为其他模型重用的构建模块。在建模的早期打好基础能够使后续模型的构建工作更为容易。

第4章

主要对象

"在我小的时候,要学习篮球的基础知识。你可以掌握世界上所有的动作技巧,但基础知识仍然不可或缺[一]。"

——迈克尔·乔丹

主要对象是企业架构的基础构建模块。正如前面提到的,我们称其为"对象"而不是"模型",是因为它们中一些是模型的组成元素,而不是模型本身。这些对象对于构建有效的企业架构来说必不可少,只有对每个主要对象都进行了详细的定义,企业架构活动才能获得成功。

[一] Michael Jordan, quoted in Ira Berkow, " Sports of The Times; Air Jordan and Just Plain Folks," *New York Times* " Sports," June 15, 1991, www.nytimes.com/1991/06/15/sports/sports-of-the-times-air-jordan-and-just-plain-folks.html.

在任何领域中，无论是体育、商业、音乐还是建筑，能够获得成功的都是那些专注于自己技艺基础的人。

迈克尔·乔丹（Michael Jordan）是有史以来最伟大的篮球运动员之一。他出色的体能帮助其重新定义了 20 世纪末的比赛。本章开头的名言强调了他所认为的自身能力的核心：对基础知识的绝对掌握。从其经验中可以悟到，一个不掌握基础技艺的人是无法发展更高级的技巧的，没有任何天赋或创新技艺能够弥补基础知识的缺失。

适用于个人的规律也同样适用于组织。如果汽车制造商不能将螺母拧紧到螺栓上，那么也就造不出可靠的汽车，任何其他创新性的设计都无法使其免于破产。企业架构也一样，只有扎实地掌握了基础知识才是成功的关键。由于企业架构师的任务是帮助企业实现其目标，因此企业架构师必须掌握这些目标的基本要素。如果企业架构师忘记了企业架构的最初目的：即实现企业目标，那么其设计的系统、数据库和用户接口模型也就没有了任何用处。所做的一切都是为了达到目的而采取的一些手段。

4.1 目标

如前所述，目标应该是所有企业架构活动的重点，企业的整体目标和企业架构活动的目标尤其重要。如果满足企业目标不是企业架构活动的重点，那么为何要把企业架构活动摆在首要位置呢。并且，如果企业架构活动无法阐明采用何种方法对其自身进行评价，那么将很难判断企业架构活动的有效性。目标即是判断企业架构活动是否成功的手段。

商业杂志上充斥着大量失败的企业架构计划警示性案例，还有反映那些致力于变革的管理者需求的专栏。架构会议也郑重地警告架构师和管理者们，只有彻底地实现其所选择的框架，才能避免同样悲惨的命运。实际上，问题并不是出在框架本身，也不是在于架构师或管理者的奉献精神或对变革的抵制，许多企业架构计划的失败在于没有注重企业架构的初衷：帮助企业实现其目标。

例如，采用 Zachman 企业架构框架，它以企业的"范围"视图作为开始，并将其目标定义为企业架构的"动因"，这是一个良好的开始。但是当架构师开始运用框架并为框架中每个单元开发模型时，其所要开发的细节数量对于一般企业来说是非常庞大的。要达到框架所需的模型数量和每个模型所需的详细程度需要付出巨大的努力。此外，开发这些模型需要大量的时间，由于现代企业大多以敏捷开发和 DevOps 作为系统开发的主要模式，架构团队无法跟上企业变革的步伐。与其进行这场注定失败的斗争，架构团队最好把重点放在企业能否实现其目标上，而不是专注于企业如何实现其目标。

实现目标最关键的步骤是用具体规则来定义目标，明确实现目标的时间或能够衡量实现目标的进度。类似于"增加销售量"这种无形的目标虽然很容易提出，但缺乏可衡量其具体进度的确切值。本节的剩余部分将着重讲解如何创建定义良好的目标，这些目标能够应用于企业架构中，用于衡量整个企业的改进以及企业架构活动本身的有效性。

4.1.1 企业目标

企业目标是指适用于整个企业，旨在提高企业绩效的目标。这种目标通常被称为"业务目标"，即使企业不是公司。在本文中，术语"业务"仅指企业进行的日常活动，这同样适用于非营利基金会、政府机构、军队或任何其他有组织的人和资源。企业目标的重点是关于企业如何开展工作以及与外部世界的关系。

企业目标作为企业架构活动的一部分，必须能够合理预测对企业产生的影响。可以肯定地说，大多数企业都有削减成本的目标。但是，无论企业架构实现得多好，都很难看到企业架构在帮助缩减员工办公空间成本上的效果。良好实现的企业架构活动的效果是提高效率或改善流程，最终通过花费更少的人力来完成相同数量的工作，来降低办公空间的成本，但这是一种二次或三次传导的效果。由于是最开始的原因间接造成的效果，因此很难将二次或三次传导的效果准确归结到最开始的原因。为企业制定的目标应该是可以直接衡量的目标，并且其原因应该足够直接，以便设计出有助于实现这些目标的策略。

回顾第 2 章中讨论的 SMART 标准，目标应该越具体越好，并且其维度也应该是具体的。例如，针对增加销售量的目标，可以用销售的单位数量或销售额（假设要销售多种产品）来衡量销售量。单位数量和销售额是两个不同的指标，以不同的方式进行衡量,而监控企业的目标进度需要收集数据。当企业目标是增加销售额时,计算销售的产品数量并不会有所帮助。但能够根据售出的单位数量计算销售额变化吗?也许可以,但是直接测量销售额并将其用作绩效评估会更容易也更准确。

目标必须是有时限的,以便弄清楚何时去判断企业是否已实现这些目标。制定的企业目标符合实际情况是很重要的,实现目标的时限符合实际情况也很重要。例如,要在一个季度内将销售额提高25%显然是一个不太现实的目标,但在一年之内将销售额提高同等比例却是可行的。请记住,与直接效果相比,间接效果通常需要更长的时间才能显现出来。如果你要在今年第一季度使用新的客户关系管理系统,那么不太可能会对本季度的销售产生任何重大影响,因为安装配置软件、培训用户以及用户学习如何使用新系统都需要时间。

由于目标的预期用途是衡量企业实现目标的进度,因此应该以一种易于衡量进度的方式来描述目标。大多数情况下,可以将目标表述为等式。对于计算机而言,等式更易于理解和处理,因此用这种形式来表达目标能够更易于实现自动化评估和报告。由于等式也是对模型的一种表达形式,因此将目标表示为等式可以轻松地将目标合并到企业架构模型中。

例如,假设公司制定了明年总销售额提高20%的目标,则可以通过以下方式来表示该目标:

$$总销售额_{本年度} = 总销售额_{上一年度} \times 1.20$$

上面等式提供了一个具体的可度量的指标,用于衡量目标实现的进度。但是,只有这些不足以使其成为一个完整的目标,目标还要是可评估的,意味着某些系统或流程的输出必须生成用于评估的"总销售额"因子。目标是否符合实际是一个判断问题,需要一些知识渊博的人根据具体情况评估得出结论。除"时间限制"外,其他所有 SMART 标准都适用。虽然当前目标确实指定了衡量标准需要考虑逐年的总销售额,但并未指定如何衡量年度。此示例应该包含所涵盖销售数据的特定日期范围,例如"从 1 月 1 日开始的一个日历年内完成的所有销售额"。根据不同企业的性质,一个看似简单的目标可能需要大量的计算和标准。例如,一家具有国际销售业务的公司可能会指定使用何种货币单位来衡量销售、如何应用汇率,或者其他说明,以确保所有人都能准确了解要衡量的内容和对其评估的方法。

在制定企业目标时,请记住,目标实际上是你所期望的对企业产生涌现行为的一种表达。其结果包括企业将根据已定义的规则和约束,结合系统的能力和人员与系统的交互作用而产生的效果。一种简单的制定企业目标方法是向管理者询问:"你希望从时间和资源的投入中获得什么?"

4.1.2 架构目标

虽然建立和维护企业架构活动的目的是实现前面章节所讨论的企业目标,但并不意味着企业能够实现这些既定目标完全是因为架构活动。无法仅根据企业能否实现其目标来判断企业架构活动的有效性,因为有可能在启动企业架构活动之前,企业已经能够实现这些目标了。确定企业架构活动是否值得其所耗资源的唯一方法是为企业架构活动本身建立目标,建立一种独立于整个企业目标的目标。例如,如果高层领导想通过建立企业架构来增加跨系统组件的通用性,那么该项活动的目标可能是减少企业中使用的关系数据库系统的数量。这可以被视为一个企业架构目标,而不是企业目标,因为这个目标关注的是如何构建和部署系统,而不是系统为企业所做的工作。

多年以来,企业架构活动一直被视为一种业务成本,与电费或打印纸成本一样。通常认为,企业架构活动对于帮助一个组织改善其整体技术状况和效率是很有必要的,但是企业领导者对企业架构日益增长的怀疑同样说明了企业架构所带来的好处并非那么明显。

如果企业架构的好处并不明显,那么我们必须通过某种方式来确定企业架构活动是否值得其消耗的资源。要判断这一点,我们需要一种衡量架构成果的方法,这种方法应该包含企业架构活动要实现的既定目标。

有许多方法可以衡量企业架构活动的有效性。最容易的方法是衡量企业架构团队建立的各种模型,但同时它也是最无效的方式。正如前面章节所述,为了建模而建模是对资源的浪费。由于人的天性就是会重点关注那些用来评价自己的事物,如果判断企业架构活动效果的方法是衡量所建的模型数量,那么架构师会生成大量的模型以确保他们能够获得良好的评价。但是模型的数量并不能代表其有效性,也不能代表其对实现企业目标的贡献程度。

有效的架构目标必须是从企业目标中得出的。如果架构目标不是源于企业目标,那么就没有理由相信该架构目标能够对帮助实现企业目标有任何意义。同样,企业架构目标必须是企业架构活动中能够做出有益贡献的事。例如,如果一个企业的目标是增加同比销售额,那么建立一个提高与25～34岁年龄段的潜在客户互动度的架构目标就是不合适的,因为它根本与企业目标无关。相反,建立用于记录创建、存储和处理客户账户信息流程的架构目标则有助于改善销售,它与企业目标有关,因为清晰的信息流程能够帮助营销团队在制定广告策略时分析到所有可用的相关信息。记录哪些系统获取、创建和存储信息以及这些系统之间的关系,当然也是一种架构目标。

与企业目标一样,架构目标也应该符合 SMART 标准,并且也必须是可衡量的。但是架构目标的重要区别在于它不受企业涌现行为的影响。相反,架构目标直接取决于企业架构团队的行为,这意味着,与实现企业目标相比,实现架构目标的进度将更加清晰,并且可以更快地进行衡量。如果企业目标是战略目标,那么架构目标则更类似于战役或战术目标:它们更专注于在有限范围内的短期目标。

在建立架构目标时,最好避免建立那些轻易就能实现的琐碎目标。声明使用 SysML 或其他特定建模工具来记录企业架构,这并不是一个架构目标,而是一种决策。哪些模型是必需的、模型命名模式或其他建模约定、架构的版本控制过程，这些都属于决策范畴。

架构目标应该更注重于产品的生成或那些不能通过日常观察得出的结论。一个有用的架构目标例子是：记录企业中所有系统公开接口的配置文件。这能够提供两种重要信息，首先，它记录了企业内所有系统的潜在集成，使系统之间以及与系统与企业外部如何交互更加清晰；其次，该信息列出了企业网络防御的潜在弱点，因为所有暴露于外部系统的接口都为攻击者提供了访问系统的机会。

另一个有用的架构目标的例子是：记录企业中所有系统之间接口的数据流。此目标与企业的数据建模密切相关，因为它能够帮助更深入地理解企业中系统间的数据流向。

在建立架构目标时还应该考虑的是，了解无法实现企业架构目标所造成的潜在成本。也就是说，由于不控制企业架构而导致企业浪费了多少钱。无论是否有专门的企业架构项目，企业都会有一些正在运行的架构，在过去的几年中，这些架构很可能是系统和流程的临时组合，但是，这并不意味着它们有效或高效。企业架构项目所要达到的目标是使企业架构更加有效且高效。

换句话说，对高效的企业架构活动能够为企业带来多少潜在的节约成本进行量化，会是一个有用的目标，但这个目标很难被精确获取，因为有许多因素将影响节约成本的计算：企业是否希望通过协调批量购买软件许可来节约成本？企业是否希望通过更新旧系统来节省运营和维护成本？这些都是难以量化的因素，但这并不意味着它们应该被忽略。实际上，节省成本通常是建立企业架构活动的主要驱动力之一，如果我们无法衡量节约的成本，那么就很难证明企业架构活动的合理性。

可以建立许多其他目标来评估架构活动的有效性。与企业目标一样，这些目标必须是可衡量且有时限的。要评估企业架构活动的投资回报率需要获取其实现目标的程度、实现目标的成本以及实现目标的时效性。

4.2　策略

策略是指企业计划实现其目标的手段。策略包括了在相对较长的时间内企业计划进行的高级活动、分配给这些活动的资源，以及预期达到的效果（或该策略实现目标的证明）。策略要在相对较长的时间内（通常至少一年）实施。通常，在不到一年的时间内能看到效果的活动被视为流程（将在下一节中进行介绍）。由于其范围广泛且长期受关注，因此策略通常会涉及企业的多个部门。

策略是实现目标的第一步。在制定目标时，需要定义一些可衡量的效果，并指定某些人或组织来负责实现这些目标。这仅仅定义了企业要达成的效果，而策略要制定的是企业如何实现这些目标的计划。策略制定的是通用的组织行动，而不是具体的个体行动，尽管在特殊情况下某些关键职位上的人的行为会对实施策略至关重要。例如,某喷气式发动机的小制造商的目标是成为某大型飞机制造商的供应商,实现该目标的策略可能是:某喷气式发动机的小制造商的 CEO 聘请与大型飞机制造商的高级经理有稳定关系的业务开发经理,让本公司与飞机制造商的高级管理层建立联系,从而更容易向其展示本公司的能力,并说服飞机制造商本公司是可靠的供应商。虽然公司 CEO 为公司策略执行了特定的行为,但如果公司整体情况不合适,那么 CEO 也不可能聘请到这样的业务开发经理。CEO 的行为固然很重要,但那并非全部的策略,策略的其他要素还可能包括:人力资源部制定了有吸引力的福利计划、后勤经理为新业务经理安排升级的办公空间,以及其他可能影响潜在员工是否接受聘用的行为。

在大多数情况下,策略不依赖于个体行动或资源,因为策略本质上是组织的功能。任何经常依靠特定个人或资源来实现企业目标的组织都会使整个企业处于风险之中。依赖特定个人或资源会给企业带来单点故障。在软件开发中,当某项目只能依赖某特定个人时,这种项目被称为"总线系数"为 1 的项目。总线系数为 1 是相当危险的,因为它表明:如果此人(关键人物)被公交车撞到,那么整个项目就会停滞,因为此人对项目成败至关重要,没有任何人可以替代他。如果你的企业策略的总线系数为 1,那么你的策略就存在严重缺陷。

更有效的方法是,在制定策略时,依靠团体和组织来完成实现企业目标所需的关键活动。这样就需要为每个组建立子目标，以确保它们符合企业和管理层的预期。但请记住，目前我们正在讨论的是策略，而不是流程，子目标和特定的短期活动是流程的一部分，我们将在下一节进行讨论。目前，我们讨论的重点还是策略。

策略应该立足于现实，例如，不要指望企业架构活动能够直接影响销售的增长。但是，通过使用企业架构，能够改善销售人员之间信息的获取和共享方式，从而对销售增长产生积极的作用。在制定策略时，重要的是要意识到在现有资源下什么是可行的，什么是不可行的。采取不切实际的策略必将导致失败。

由于策略没有正式建模所需的详细程度，因此不适合进行正式建模。但是策略构成了创建流程的基础，而流程则是企业用于执行策略的计划。

4.3　流程

"计划毫无价值，但规划流程意义重大[1]。"

——德怀特·艾森豪威尔

流程是组织、团队或个人为执行策略而采取的具体步骤。

---

[1] Dwight D. Eisenhower, *Dwight D. Eisenhower 1957: Containing the Public Messages, Speeches, and Statements of the President, January 1 to December 31, 1957* (Washington, DC: US Government Printing Office, 1958), https://babel.hathitrust.org/cgi/pt?id=miua.4728417.1957.001;view=1up;seq=5.

流程描述的是：实施策略必须完成什么活动、谁将完成这些活动，以及这些活动的执行顺序和各系统输入输出之间的关联关系。流程是对策略实施的计划，但这种计划很少能与现实情况相契合。在企业策略实施过程中，经常会发现流程无法按照最初的设想进行，那些执行期间发生的意外、捷径或者其他因素都可能会破坏最初设想的流程，而这些中断正是复杂系统中涌现行为的表现形式。

若要通过治理涌现行为来改进企业架构实践，你可能会问为什么要费心定义流程呢，毕竟，如果涌现行为才是企业实际运行的方式，那么流程定义似乎是在浪费精力。但这样的话，就忽略了规划流程的目的：为高级管理者提供手段来预测实施策略将需要哪些资源、谁需要这些资源以及何时需要这些资源。如果没有任何计划就进行复杂的活动，必将导致失败。

第二次世界大战期间，德怀特·艾森豪威尔将军是盟军欧洲最高司令。在这个职位上，他负责执行盟军击败希特勒的战略，并全面负责1944年6月6日在诺曼底的登陆的计划和执行，他说："计划毫无价值，但规划流程意义重大。"艾森豪威尔提出的观点是，由于现实和外部事件的介入，因此不会像最初设想的那样执行计划，但要对初始计划进行修改以应对这些情况的发生。回想起来，所采取的行动可能根本不符合原计划，但正如艾森豪威尔所认为的那样，领导者正是通过计划来考虑希望采取的行动，并分析整个过程中每一步所需的资源。领导者还会通过突发事件来考虑计划可能出错的方式或可能会破坏计划的事件,通过考虑这些突发事件,领导者可以制定出应对这些情况的方案,并将其纳入原始计划。处理预期和计划中的问题比处理意料之外的问题要容易得多,这就是为什么对于架构师和高级管理者来说,规划用于策略实施的流程很重要。

4.3.1 流程案例

企业架构中定义的流程不需要特别详细,尤其是考虑到在实际情况下流程不太可能按最初的设计执行。但对于流程中的某些主要活动,则需要有足够的细节对其进行定义,例如,活动之间必要的顺序(例如,活动 A 优先于活动 B)、负责执行活动的参与者,以及每项活动预期的输入和输出。图 4-1 中描述了一个示例流程模型。

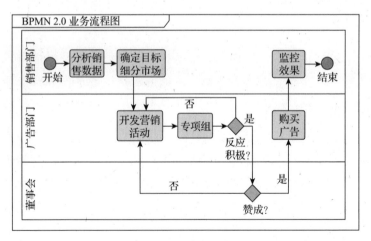

图 4-1 示例流程图

图中的模型描绘了针对目标市场的营销活动的简单开发

过程。该模型使用 BPMN（业务流程建模与标注）2.0 语言[一]表示。BPMN 是由 OMG（对象管理组织）开发和维护的一种流程建模语言，该组织是一个行业协会，致力于促进使用形式化建模语言和采用基于模型的工程。尽管 BPMN 是一种图形化语言，但它具有正式的基础语法和语义，这使得自动分析技术可以应用于 BPMN 模型。

在 BPMN 中，实心圆圈表示流程的开始。换句话说，实心圆的符号（即语法）带有表示流程开始的含义（即语义）。语言中每个符号都有相似形式的语法和语义。例如，菱形称为"关卡"，它仅代表一个决策点，不能用于表示任何其他类型的活动。BPMN 能够支持比图中模型描述的复杂得多的语法和语义。菱形符号有几种类型，用于表示"异或"决策（即只能选择一条路径）、拆分为并行执行路径以及其他在开发复杂业务流程模型时有用的决策。

图 4-1 中所示的图分为三行，称为"泳道"。在此流程中，每个泳道代表一个不同的参与者，参与者的泳道内的任何符号均由该参与者负责。活动之间的箭头代表流程的流向（更复杂的图表可能包括代表数据流或其他流的箭头）。

在这个简单的流程中，我们可以看到，销售部门分析销售数据，然后确定一个新的细分市场来增加销售额，提高品牌知名度。广告部门将开发一个新的营销活动，以满足销售

[一] "About the Business Process Model and Notation Specification Version 2.0," Object Management Group, www.omg.org/spec/BPMN/2.0/, January 2011.

部门的需求，并将与专项组一起测试新的营销活动。如果专项组的反应不佳，则广告部门将重新制定营销活动。这个周期可能会重复几次，直到专项组对营销活动反应积极。收到专项组的积极回应后，董事会将决定是否继续进行这项活动，有可能会将其返回广告部门进行重新开发，也有可能会批准广告。批准后，广告部门将购买广告，销售部门将监控效果。到此，本流程结束。

之前描述的流程仅仅是一个讲述概念的简单过程。但是，企业架构中的流程模型也不宜过分复杂。请记住，流程模型的重点是帮助架构团队和高级管理者考虑某些策略的执行计划。他们需要考虑的是：企业内哪些组织需要参与、关键决策者是谁、主要活动是什么以及预期的事件流。一旦这个计划考虑成熟并通过，企业就有了必要的信息来开始管理其战略的执行，以增加其市场份额。有工具能够支持观察企业的行为，将这些行为与最初设想的流程进行比较，更重要的是与企业最终的效果进行比较。

流程模型形成了用于管理企业的初始基准。例如，广告部门可能会发现，在开发营销活动材料之前，与专项组进行互动会使工作更为有效；或者，在监视新广告活动的效果时，人力资源部门可能会发现广告效应正在增加公司对工程师的吸引力。这些结果都不是设计流程的人员所预期的，但它们却是应该被企业架构团队和管理层所认可的重要的涌现行为，也正是我们所想要利用的涌现行为。只有通过观察实际结果，我们才能利用这些信息来改善流程模型并更好地利用企业资源。例如，在将来的营销活动中加入工程师专项组，以评估该活动会对招聘产生正面还是负面的影响。

我们在这里讨论的涌现行为通常是正面的，但请记住，也可能会出现负面的涌现行为。例如，企业可能会注意到，当开发新的营销活动时，销售部门会减少与潜在客户的互动，降低寻求潜在客户的积极性，直到准备好新的广告材料。这些负面的涌现行为与正面的涌现行为一样重要，并且同样应受到监控以用于持续改进。

4.3.2 必要流程

根据一般的规则，首先应该对流程进行建模，无须过多细节，期望流程会随着企业涌现行为而自然发生变化。但是，并非所有流程都是平等的。虽然架构中定义的大多数流程都是指导方针或规划，但其中存在一些必须严格遵循定义的流程，这些流程能使企业避免产生不利的法律或业务后果。例如，政府机构具有严格的记录管理规定，其规定了必须处理、保护和保留其产生的信息的方式。这些记录管理规定以法律和法规的形式发布，必须要严格遵守。其中有些非常具体地规定了必须如何处理某些类型的文档，以保护文档中包含的个人隐私信息。

在其他情况下，也要严格遵循特定流程，以符合与某些外部需求相关的企业政策。例如，实现能力成熟度模型集成（CMMI）过程改进计划的软件开发项目要遵循特定的程序，以符合更高级别的 CMMI 评估标准。不遵守记录的程序可能会对企业的 CMMI 评估产生负面作用。

在必须按照书面形式遵循流程的情况下，应将该信息作为流程模型的一部分加以说明，最好将说明放在显著位置，以确保能够清楚地看到其出处。任何声明由于法律、法规、组织政策或其他原因必须遵循既定程序的主张，都应该包括该主张的具体出处，比如政策文件的相关段落。这种出处信息很重要，因为如果清晰地说明了原因，人们更可能意识到遵循这一流程的重要性。"管理层说要这样做"，这种说法并不能令人信服。

对于让实施流程的人清楚如何在可能的情况下改变流程中过时或低效的部分，出处信息同样很重要。在企业的涌现行为中，可能会出现这样的情况：政府监管所要求的流程都能够有效地完成，或者也可以与监管机构合作，制定一个更好的流程，以满足监管机构的需求。或者也许有一种更精简的方法来实现由组织政策定义的某些流程；如果执行该工作的人知道哪些策略需要更新，那么他们可以与制定该策略的团队讨论相关内容。

无论流程的实际出处如何，都必须定期检查这些流程。为架构师和管理者制定一些明确的审查流程的计划（例如，每年一次），可以确保所有流程都会被定期审查并保持最新状态。另外，一些关键流程可能被指定用于特定的基于事件的审查。例如，新的税收法规可能会推动对与财务报告相关流程的审查。此外，由于网络威胁的快速发展，安全策略经常更改，任何企业都无法承担过时的安全流程所带来的风险。

4.4 参与者

参与者是执行流程、实施策略并实现企业目标的个人或团体，它们是相互作用的主体，我们试图利用它们交互作用产生的涌现行为来实现企业架构实践的改进。参与者可以是人类或人类群体，也可以是非人类的事物，如信息系统、动物甚至天气，任何可能对企业产生某些独立影响的事物都可以被视为参与者。并且由于参与者通过其相互作用来促进企业实现其目标，因此我们需要将参与者建模为企业架构的一部分。

参与者有多层抽象。在最低层级上，参与者都是独立的个体，可能是人也可能是系统，个体是否能完成特定活动将影响企业实现其目标。参与者也可以是这些个体在更高层次的集合，无论集合中的每个个体如何行动，集合的集体行动都会影响企业实现其目标。例如，飞机制造商从供应商那里购买发动机，主要关注的是供应商能否在约定的日期完成供货，从飞机制造商的角度来看，供应商内个体的活动都是无关紧要的，它所关心的只是发动机供应商作为整体能否按时并在预算范围内交付发动机。

在大多数情况下，相对于特定个体的活动而言，企业架构师更关注组和角色的活动。但也并非全部如此，正如在 4.2 节我们所提到的，某些关键个体的行为会对组织绩效产生巨大的影响，因此应将其建模为单独的个体。

如果架构师决定要将角色建模成组，那么组的规模是要重点考虑的因素。并没有通用规则可以指导此决定，但是在实践过程中一种好的做法是：在最低粒度级别上对参与者进行建模。在最低粒度级别上，参与者作为一个组的行为对流程或策略的执行有着重要的影响。例如，假设存在一个已经进行了多年的软件开发项目，开发和交付产品的系统和团队已经在运行了，但是你希望对他们的流程进行建模，进而为产品创建安全补丁，将其建模为一个参与者（即"产品开发团队"）并不会告诉你该流程是如何实现的，而将他们区分为系统工程团队、软件开发团队和测试团队，以较低的粒度对参与者建模显然是更合适的。其中每个小组在为系统开发安全补丁程序时都会执行各自不同的活动，并且它们的职责也不同，因此在分析组织行为时了解每个团队的执行情况是非常重要的。但是，没有必要对每个软件开发者或测试者的计划活动都进行建模，那将使建模变得复杂且耗费时间。

如果你必须要为个体建模，请将其建模为角色而不是个体的名字（例如，建模为"CCO"而不是"苏珊·史密斯"），这能够减少人员流动或工作重新分配造成更新模型的可能。因为随着企业产生涌现行为，我们可能会看到不同人之间的行为发生变化，或者一个人承担的两个角色被分给两个人，或者几个人被同时授权履行某个特定角色的职责。在这些情况下，虽然操作是由个人执行的，但架构师关注的是该人员在组织和流程中的角色。

4.5 数据

长期以来，数据建模一直是数据库架构师和软件开发人员关注的重点。对于那些执行开发工作的人来说，数据建模是必需的，但对于那些指导企业整体运营的人来说却并不那么重要。这种观点在几年前是可以接受的，当时的大型单片系统被设计为独立运行，而数据分析只作用于自身的系统数据。近年来，随着处理能力的提高和大规模数据分析技术的改进，一切都发生了变化，不仅使企业级数据分析成为现实，而且成为一项必要的工作。

有人说"数据是新的石油"。我同意这个类比，有两方面理由。第一，石油是一种润滑剂，可通过减少运动部件之间的摩擦来帮助机械系统更有效地运行。类似地，数据在组织内部和组织之间更方便的使用可以使这些组织的功能更顺畅，因为人们可以更轻松地访问他们需要的数据，更准确更高效地完成分配的任务。第二，石油是一种具有巨大价值的商品，它对许多行业都至关重要。同样，在当今的信息经济中，数据对许多组织来说也是至关重要的商品。

约翰·洛克菲勒（John D. Rockefeller）于1870年成立了标准石油公司，该公司迅速建立了对美国大部分石油市场的控制权，1911年，美国最高法院裁定该公司为非法垄断，并下令将其拆散。在此期间，内燃机发展迅速，工业经济正在从人力向机械动力过渡，这种转变要求不断增加石油产品数量才能继续增长，洛克菲勒通过控制石油供应发了大财。与20世纪初期工业经济需要越来越多的石油一样，我们的信息经济也需要越来越多的数据。我们具有快速增长的能力来分析越来越多的数据，并将结果应用于市场分析、流程改进或其他事业。

凭借收集和快速分析大量数据的能力,整个新兴行业已经兴起。如 Google,Facebook(现改为 Meta)和 Twitter 之类的公司,其整个业务模型都基于收集大量数据、快速分析并应用结果的能力。电子设备(从智能手机到安全摄像头)的激增,导致企业收集和访问的数据量呈指数级增长。那些无法在企业中分析数据的人将发现自己处于严重的竞争劣势,而那些可以利用海量数据的人将能够适应不断变化的情况和业务需求并对其做出快速响应。

可用于分析的数据量越来越大,以至于我们无法手动进行分析。摄像头每天通常会产生超过 1TB 的视频,车辆上的地理位置传感器可以在数小时内生成数千个位置报告。为了更加高效,我们必须尽可能地使用自动化分析。自动化数据分析意味着我们必须要以分析工具可以理解的格式记录数据。

企业架构师关注的数据有两种状态:企业存储的数据(静态数据)和跨接口在不同系统之间交换的数据(动态数据)。无论要对哪种状态的数据建模,都应采取相同的方式。

4.5.1 语法和语义

为了分析数据,我们需要了解数据的语法和语义。如果只知道数据的格式但不了解其含义,那么分析将毫无意义;如果只知道数据的含义但不了解其格式,那么会发现分析数据将会很困难。我们将代表地理空间位置纬度的一条数据作为示例，纬度可以通过多种方式表示。请看以下示例，其中每一条都描绘了北纬 42° 的相同测量值：

- 度、分、秒格式：42°20′15″
- 度、分小数格式：42°20.25′
- 度小数格式：42.3375°

还有许多其他可能的表示形式。本示例假设正数代表北纬，负数代表南纬，这是一个通用的约定，但除非明确规定了该约定，否则还是模棱两可的。如果上述假设不对，那么分析人员"仅知道"的这种约定可能会导致错误的分析。不同的用户群体可能使用不同的约定，编码系统可能使用 N 表示北纬，使用 S 表示南纬，这意味着上述例子中的值不完整并且无法被正确解释。还有许多其他纬度坐标编码方法：UTM（通用横墨卡托投影）、MGRS（军事网格参考系统）等。它们是准确且可解释的，并且每项都能够用于分析。它们都有相同的语义，但语法却大不相同。同样，字符串"New York"可能指的是美国东北部的州、美国东北部的城市、英国林肯郡的一个社区，或者是世界上其他的几个城市，在这个例子中，它们语法相同，但语义差异很大。

4.5.2 数据建模

提到数据，我们可能会想到许多不同的格式：word 处理文档、电子表格、XML 文档、数据库、日志文件、视频、静态图像、音频记录以及许多其他存储信息的方式。虽然数据存储方法千差万别，但我们可以将数据划分为一些基本类型，以便于建模。

大多数关于数据的讨论都将数据称为"结构化""半结构化"或"非结构化",但是这些术语既不精确,又存在一些误导。术语"结构化数据"通常用于表示关系数据库,其数据被格式化为具有正式关系和标准化查询方式的行和表,例如结构化查询语言(SQL);"半结构化数据"通常用于指代 XML 文件或其他具有正式数据结构(例如,通过使用 XML 模式定义)的文件类型,这种数据的结构化程度不如数据库中的那么严格,可以使用如 XQuery 之类的语言查询此类数据,也可以使用如正则表达式之类的技术将其解析为可用的元素;"非结构化数据"指的是 word 处理文档、演示文稿或类似格式,这些格式无法使用标准技术进行查询或解析,通常需要人工阅读才能理解。

这种传统的数据划分方式有许多缺陷。首先,众所周知,半结构化数据的定义并不精确,可能包含多种格式(实际上,一些权威机构根本不认为"半结构化"是有效的描述)。此外,我们可以认为许多所谓的非结构化数据实际上具有非常确定的结构,定期生成的许多文档每次都遵循相同的格式,例如,军事行动命令被创建为 word 处理文档,但是它们遵循特定的结构。如果我们要以一致的方式对数据进行形式化建模,从而使数据分析自动化,那么我们需要有一种更具体的方法来描述数据。

如果退一步来研究各种形式的数据,我们可以确定两种基本的数据结构:元组或对象。元组只是一个有序集合,它是数学家和数据工程师用来描述数据的正式术语,这些数据本质上是作为表中的行存储的。数据库和电子表格都由元组组成,大多数 XML 文档、日志文件和其他数据也是由元组组成的,这些数据是作为一系列离散元素获取的,可以使用 SQL 或类似工具单独检索。在离散元素不易检索的情况下,最好将数据视为一个对象——需要复杂的机器学习技术或人工解释才能理解并从中检索有用信息的一堆数据。

1. 元组数据

元组数据非常适合形式化建模。数据建模人员可以使用多种技术,最常见的是数据定义语言(DDL)——一种用于定义关系数据库结构的语言。DDL 是关系数据库的一种很好的建模语言,但是它表达语义的能力有严格限制。同样,XML 模式定义语言(XML Schema Definition Language,XSD)是定义 XML 文档的一种很好的语言,但是除了在建模语义方面有严格限制之外,它仅适用于对编码为 XML 的数据进行建模。

在对元组数据进行建模时,我们发现网络本体语言(Web Ontology Language,OWL)是一种用于对元组数据进行建模的出色语言。一方面,OWL 专门用于获取数据的语法和语义;另一方面,OWL 来自描述逻辑(Description Logic),这是一种形式化的知识表示语言。这样就可以使用自动化工具对数据进行推理,甚至可以从可用数据中推断出新的事实。更重要的是,由于 OWL 可以形式化地描述元组数据的语法和语义,因此当使用 OWL 来描述数据时,我们可以创建具有所有必要细节的模型以实现对数据的自动分析。

2. 对象数据

在相同的详细程度下，对象数据比元组数据更难于建模。主要原因是对象数据（如段落、图形等）的语义非常复杂，并且可能很大程度上取决于上下文（即其他句子、短语或数据的其他部分）。这里之所以使用"对象"一词，是因为在许多关系数据库中都有可用的数据类型，例如，字符大对象（CLOB）或二进制大对象（BLOB）。CLOB 数据是指存储为不可区分的可打印字符集合的对象，BLOB 数据是指以二进制文件形式存储的对象，例如图像。

对象数据建模的最佳方法是使用存储数据（对于静态数据而言）或流式传输（对于动态数据而言）的文件格式定义。绝大多数对象数据都遵循某些已发布标准的文件。例如，可以使用联合图像专家组（JPEG）格式、便携式网络图形（PNG）格式或许多其他图像格式来存储图像。这些格式定义明确，并且大多数具有许多可用于读取、写入和处理的商业或开源库。大多数用于跨网传输的流数据的格式也是如此。请记住，流数据和文件数据之间的唯一真正区别是，文件数据只是保存在磁盘中的流。

这些数据文件格式很好地定义了数据的语法，但是它们并不能获取数据的语义，因为数据的语义完全独立于其语法。例如，JPEG 图像可以是汽车的图片、人的图片或地图的图片，数据文件的格式无法告诉我们有关数据语义的任何信息

(尽管在某些情况下，可以将字符数据嵌入到文件中以提供一些描述性信息)。文档可以是情报报告，也可以是新闻摘要，或者是赛马的结果。任何关于文件格式的信息都无法告诉我们其内容含义。

许多著作都讨论过如何存储元数据，即描述数据的数据，通常指的是获取与对象有关的信息的某种元组数据。例如，与 word 处理文档有关的元数据包括标题、作者、主题、出版日期以及其他相关信息。我们不认为元数据真的存在，因为它建立了一种错误的二分法。实际上，元数据只是起到将一份数据与另一份数据建立关系的作用。如果你关注的是报告，那么作者的名字是关于该报告的元数据；如果你关注的是人，那么此人创作的文档就是关于他的元数据。重要的是，无论它是否叫元数据，都必须要以一种可获取其语法和语义的格式对信息进行建模，该格式可用于实现自动化数据分析。

4.6 总结

主要对象是企业架构的基础构建模块，大多数主要对象并不是架构模型，而是用于创建架构模型的关键构建模块。如果没有坚实的基础架构，企业架构活动将很难开发出模型来监控和评估企业实现其目标的进度。

目标是所有企业架构活动的起点。如果企业无法描述其想要达成的目标，那么建模、监控或任何其他活动都无法帮助企业得到改善。最显著的目标类型是企业目标，即企业希望实现的目标,促进达成企业目标是进行企业架构活动的首要目的。除企业目标之外,为企业架构活动本身建立特定目标也很重要,这些目标应源自企业目标并能够支持企业目标,它们也是企业架构本身要努力实现的目标。如果我们不对企业架构活动本身的效果进行衡量,那么也就无法判断企业架构活动是否对企业实现其目标做出了贡献并产生了效果(或者有没有负面影响)。

策略是企业实现其目标的高级手段。策略是相对长期的活动,通常需要一年或更长时间才能实现。策略不会很详细,通常描述的是团体而不是个体的活动。实际上,策略是将流程组织为可管理组的方法。它们的高层次特性使得很难创建足够有用的模型来证明它们的创建和维护成本是合理的。

流程是企业执行的更详细的短期计划。使用如 BPMN 的技术可以轻松地对流程进行建模。流程是企业计划实现某种目标的一种理想化表达。通常,这些模型不应过于详细,因为它们往往很难与现实情况相契合。企业的涌现行为可能会发掘出实现企业目标的新方法,有时新方法比架构团队所设想的更加有效,有时它们在创建流程模型过程中能够产生意想不到的效果。

参与者可以是个人、系统或团体。参与者执行构成流程模型的活动,它们彼此之间以及与环境之间的相互作用会导致管理企业架构时的涌现行为。应将参与者建模为角色,而不是以个人命名,这样的话,即使发生人员流动或企业职责变化,也能够很容易地维护模型。

数据是企业中最有价值的资源之一,理解企业数据应该是企业架构活动的主要任务。数据可能处于静止状态(存储)或处于运动状态(在系统之间交换)。无论数据是静止的还是动态的,以正式的方式对语法和语义建模都是非常重要的,这样可以借助自动化工具以最少的人工干预来处理和分析数据。

第 5 章

次要对象

我之所以将本章中将要描述的对象称为"次要"对象，是因为如果不先创建主要对象，就很难创建它们。从重要性来说，它们并不是次要的，正如后面章节所解释的，在很大程度上，它们是企业架构的真正核心。但就创建时间和方式而言，它们是次要的。次要对象构建在主要对象之上，并将它们从简单的构建块扩展为适当的架构模型，这些模型可以用于管理企业并指导企业实现其目标。

本章中描述的对象都可以捕获为真实模型。其中一些主要对象仅仅是引导标杆和框架结构，次要对象是真正的模型，具有使它们成为有用的分析主体所必需的所有复杂性和精确性。主要对象是基础，次要对象是基础的应用。

有很多可用的选项可用于创建本章中描述的模型。SysML 是一种很好的综合性的系统建模语言，这些模型都可以使用 SysML 进行表述。尽管 UML 缺乏有助于定义这些模型的某些表达能力，但是用 UML 对它们进行建模是另一种很好的方式。实际上，几乎任何正式的建模语言，包括 OWL、Common Logic 和许多其他语言，都可以用于建模这些对象。因为本书不是一本关于建模的书，所以这里不适合详细讨论建模选项和权衡用哪种建模语言的过程。只要这些对象是作为适当的模型创建的，声明特定的建模语言或工具并不重要，使用一种形式化的建模语言，且这种语言具有足够的表达能力来正确地完成工作并支持自动化分析，那就足够了。

在创建这些模型时，务必记住这样做的目的是帮助指导企业实现其目标。任何与初始目标无关的模型都是一种干扰。

5.1　行为

行为是企业架构师的主要兴趣之一。特别是当企业作为一个复杂系统时所出现的涌现行为，更是企业架构师感兴趣的。行为模型是企业实际运行方式的表现形式，而不管管理层想要什么、架构团队期望什么或任何其他预想的概念。行为模型需要尽可能地表现真实世界的活动和事件，也就是说，它们需要以足够的准确度表示企业的行为，以理解参与者之间、参与者与系统之间和参与者与环境之间的交互是如何产生所观察到的效果的。

由于我们最感兴趣的就是观察到的效果,因此创建行为模型最主要的关注点就是效果。我们没有必要到捕捉所有参与者参与的每个活动的每个细节,因为大部分细节与最终效果无关。但是其中某些细节可能对观察到的效果至关重要,而了解到哪些细节是至关重要的是非常困难的一件事。这就是创建行为模型是一个从未真正结束的迭代过程的主要原因之一。仅仅完成了在模型中捕获企业行为,并不意味着拥有了足够的准确度来理解驱动该行为的关键因素。实际上,在实现一些新的规则或系统特性以尝试更改行为并观察行为是否因为该规则或特性而更改(或不更改)之前,无法获知是否已经捕获了关键因素。

另外一个捕获行为是一个迭代过程的原因是,企业是一个动态实体,其行为会随着时间而变化。只是在 3 月份捕获了企业的行为,是不能在 11 月份依然有该行为的准确表示的。企业会增加新的人员和系统,人员的角色会发生变化,其他的驱动因素会对企业的涌现行为产生影响。旧的行为及其产生的影响可能会完全消失,或者被全新的行为及影响所取代。也有一些旧的行为能和以往一样正常运作,不受人事的变化或系统的变化影响,这些行为的影响同样也没有改变。正如前面所介绍过的,涌现行为的一个关键特征就是不容易被预测,那么这些变化就是不可预测的。

一个很好的例子发生于我还在海军陆战队驾驶直升机的时候。20 世纪 90 年代初,当一架飞机出现问题时,机组人员会填写纸质的维护行动表(MAF),这是一份带有原件和四色编码的复件的表格。不同的颜色被指定用于不同的特定目的：一种颜色将送到执行维护的工作中心，另一种颜色将送到质量保证部门，诸如此类。这种颜色编码系统允许维修控制部门通过查看状态板上显示的颜色来跟踪任意一架飞机的维修活动状态。到了 20 世纪 90 年代中期，海军陆战队部署了一个计算机化的维护系统，工作人员可以将 MAF 上的信息输入计算机，系统会自动将信息传送到适当的工作中心，无须跟踪 5 张彩色纸。没有人预料到维修人员会如何反应。这个计算机系统只会显示文本，并没有颜色编码，导致维修人员反而需要更多时间来确定飞机状态。因此，维修人员打印了每个 MAF 的 5 份纸质副本，用 5 种不同颜色标记它们，像以前一样继续工作。

　　捕获企业的行为听起来像是一项需要付出大量努力的艰巨任务。乍一看，这似乎是一个工作量令人生畏的工作，而收益却不确定。但是请记住，整个企业架构工作应该致力于帮助企业实现早期记录的目标。我们并不是试图捕捉企业的所有行为，我们只想捕获那些对我们记录的目标有直接影响的行为。例如，如果企业目标之一是将当前产品的销售额提高 20%，那么捕获销售团队如何与潜在客户互动并记录有关信息就很重要，但捕获销售团队如何与新产品开发团队合作就不重要了。企业中可能会出现许多其他行为，但是企业架构师对这些行为并不感兴趣。系统架构师可能会对它们感兴趣，但这是不同的事情，最好作为每个系统的系统架构工作的一部分来处理。单个的系统架构团队可能能够重用由企业架构工作捕获的信息，但是这不是企业架构团队的主要关注点。

决定记录哪些行为的最直接的方法是从企业目标开始向后追溯。选择一个目标，识别显示企业是否在朝着实现该目标前进的可观察效果，并开始记录产生可观察效果的行为。如果在企业中没有观察到预期的效果（即看起来企业没有朝着那个目标前进），那么一定有一些可观察的效果表明企业没有达到那个目标——一个不受欢迎的效果。使用这个效果作为建模创建它的行为的起点，从这里开始，你可以着手改变这种行为，以产生更理想的效果。

5.1.1 捕获行为

如果我们想准确地捕捉企业的行为，我们必须同时捕捉人类和系统的行为。从表面上看，这听起来像是一项令人生畏的任务：要捕捉众多人员和关键人员相互之间如何交互、与系统如何进行交互，很容易就会耗费数千小时的工作时间，要做的工作包括采访许多人、记录和整理结果，以及开发结果数据的模型。这种方法除了需要大量的人力之外，还会带来一些额外的问题。首先，人们可能不会准确地记住他们所做的每一个动作；不可能记住他们用来处理数据的每个系统；也不可能记住他们创建、审核和更新的所有数据。而这些都是特定任务的一部分。其次，还有人性的问题：没有人愿意告诉别人他们工作中的所有细节和问题，因为这会给他们或其他人带来不好的印象，尤其是当那个人犯了错误的时候。人们肯定不愿意发布偏离既定政策或程序的广告，例如在第4章中讨论的流程模型中捕获的那些内容。因为我们的目标之一是识别流程模型和工作实际执行方式之间的偏差，人们不愿意承认这种偏差,而这种做法会给企业架构师带来问题。

避免使用访谈或调查来捕捉企业行为的另一个重要原因是:人们在他们自己的时间里有更重要的事情要做。每个被访谈的人在企业中都有一份工作和一个主要目的,而这个目的并不是向架构工作提供信息。企业中的每个人都应该朝着实现企业目标的方向工作,当一个人从他们的主要任务中转移到提供企业架构工作信息时,这会对企业朝着这些目标的进展产生不利影响。

在过去的几年里,个人访谈可能是捕捉企业行为的唯一可行方法。但是在今天,我们有了更直接、更有效的方法来获取我们行为建模所需要的大部分信息。网络安全作为小企业的一个主要关注点的出现,为我们提供了新的工具(可以帮助我们了解实际情况):无处不在的系统和应用程序日志。再加上许多企业中使用的连续监控工具,这些日志提供了建模人和系统行为所需的大量信息。

应用程序和系统日志捕获许多在行为建模中是很重要的信息元素。它们记录用户每次登录、用户访问、创建或删除的信息、与其他系统的连接以及它们之间传输的数据,以及其他重要活动(如软件更新和系统中断等)。这些日志揭示了我们想要建模的核心信息:用户与哪些系统交互以及这些系统之间的数据流。这些信息是任何行为模型的核心,对于我们理解企业是如何真正运行的能力至关重要。

虽然日志文件中捕获的信息非常重要,访谈人员的效率也很低，但是日志文件不能回答关于企业行为的所有问题。在某种程度上，我们别无选择，只能通过采访用户来了解他们行为的细节。系统日志不捕捉个体之间的交互，比如对话、计划会议等。企业的许多活动都是通过电子邮件进行的，但是很难将电子邮件的交换与用户和其他系统的交互联系起来。例如，来自主管批准旅行请求的电子邮件可能不容易与显示用户购买机票和预订酒店的旅行系统日志关联。只有通过与有关各方对话，我们才能了解这些细节。

但我们需要记住，个人访谈是一种没有效率的收集信息的方式，所以尽可能地减少与使用访谈来收集信息相关的问题。除非你有一组关于你试图建模的行为的细节的特定问题，否则不要与用户做访谈。和某人坐下来，让他们告诉你他们是如何工作的，基于前面讨论的原因，这么做并不能得到一个准确模型。访谈要尽可能避免问开放式的问题，更有效的方式是问一些能引出明确观点或者具体答案的问题。例如，询问某人旅行请求审批流程的工作方式是非常开放的，其中大部分信息都可以从系统日志中获取（例如，用户可能会登录并创建一个旅行请求，该请求稍后将被标记为已批准）。问一个关于日志中没有的信息的明确问题将花费更少的时间并产生更准确的结果，比如说批准旅行请求的人是在系统中输入该请求的人，还是系统外的其他人？这是一个很容易回答的问题，它将花费最少的时间来解决所有相关问题，并澄清已经在系统日志中捕获的信息。

5.1.2 记录行为

一旦捕获了描述行为的信息，我们需要将其转换为支持详细分析的格式，最好支持自动化分析。也就是说，我们需要将原始信息转换为行为模型。虽然自动化分析不会提供我们想要的所有答案，但是行为被正式建模这一事实将确保我们真正理解行为的结构和细节，然后从模型中尽可能多地去除歧义。

行为建模是一个不断迭代的过程，这是无法逃避的。整个过程是迭代的，因为我们一次准确捕捉行为中所有因素的可能性是非常小的。每当我们捕捉到一种行为的某个方面时，我们就很有可能发现这种行为的某些其他特征，这些特征并不清楚，或者与我们最初认为的不太一样。这听起来像是一个很容易失控的永无止境的细化过程，但是请记住，行为模型只需要足够准确，就可以理解帮助或阻碍企业实现其目标的主要因素。控制行为建模任务的关键是从一个相对简单的行为模型开始，该模型捕捉到行为的主要活动，然后分析这个模型，看看产生影响的因素是否被准确捕捉到了。如果你不了解其中一个或多个活动的影响，那么需要超出这个范围继续建模。你只需要很好地理解它们，就可以确定它们是否对实现特定目标有影响。

一旦确定了最初的活动集，你需要将它们组装成想要分析的行为模型。你可以在许多类型的流程图中选择任意一个中来描述这个模型，包括 UML 活动模型、BPMN 模型、状态机图，或者是习惯使用的任何其他形式化工具。应该尽可能使用与前面描述的记录流程相同的工具对行为建模。使用相同的建模技术将使比较预期的活动（流程模型）和观察到的活动（行为模型）变得更加容易，并且将行为模型与企业目标联系起来也更加容易（正如将流程模型与企业目标联系起来一样）。

组装行为模型的关键任务之一是按照正确的顺序放置活动。有一个最简单的方法是使用系统和应用程序日志中的时间戳（假设信息收集在日志文件中）进行排序。这么做可能不会捕获所有的必要排序信息，但至少提供了排序的大致概念。上午 10 点记录的活动明显比同一天上午 11 点记录的活动发生得更早。这是一个关于时间的粗略排序的充足信息，但不足以构建一个准确的行为模型。如果没有额外的信息，我们就无法判断这些活动之间是否存在依赖关系：第一个活动是第二个活动的必要前提，或者它们是在不同的时间内不相关、没有关系的活动？

系统日志中包含的信息可能有助于弄清楚活动排序问题。如果第一个活动之后是从第一个系统到第二个系统的信息传输，那么可以合理地推断这两个系统之间存在依赖关系。同理，没有任何信息传输可能表明两者之间没有显著的关系。这类信息必须向参与活动的参与者或其他知情方进行澄清。也有可能存在没有记录在日志中的信息交换，这很好地表明了日志还不够完整，应该要开始记录其他信息。

图 5-1 显示了行为模型的一部分（非常）简单的示例，它描述了图 4-1 所示的流程的扩展。在这种情况下，对系统日

志和销售部门的方案显示,监控新的营销活动的结果不是销售部门进行的一个单一活动,而是一个截然不同的一系列步骤,包括与外部数据分析公司交换信息。

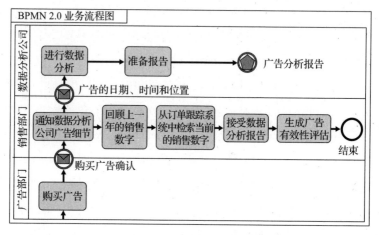

图 5-1　行为模型的细节

如上所述,此图非常简单,但它说明了监控营销活动的结果及其对销售的影响所涉及的活动,比企业架构团队最初认为的要复杂得多。它还揭示了一些简单的涌现行为,例如销售部门检索上一年的销售数据,以确保它有一个有效的基线来与最新的销售数据进行比较。它还显示,有一个外部咨询公司支持销售部门通过数据分析服务了解新的营销活动的效果。

5.2　环境

环境建模与流程建模或行为建模不一样。我们不是在讨论创建特定的、离散的环境模型。相反,对环境进行建模类似于对数据进行建模:我们需要捕获许多值和规范以便在企业架构中使用,而将它们收集到一个一致的组中是非常有用的。

对环境进行建模的原因是,有许多因素不在企业的控制范围之内,但它们仍然会影响企业实现其目标的能力。如果企业架构师要生成一个合理准确的企业模型及其系统模型,那么他必须考虑这些因素。对环境进行建模需要考虑许多因素,但是企业架构师应该捕获的主要环境因素是那些影响企业如何部署和操作其系统的因素。一般来说,这些是企业必须使用的基础设施环境。其他环境因素还包括外部参与者和外部系统,每一个都必须加以考虑。

5.2.1 基础设施环境

企业必须为其所处的基础环境考虑多项因素。物理数据中心、基础设施服务提供商、可用通信带宽和预期的操作环境均是需要考虑的主要因素。由企业功能拥有和操作的数据中心在企业架构中处于某种灰色地带。一方面,数据中心是企业架构本身的一部分,因为企业控制数据中心及其功能,并可以根据需要进行调整,以帮助实现企业的目标。另一方面,构建或更新数据中心的成本(包括分区问题等可能的监管问题),可以有效地使数据中心成为永久性因素,必须将其视为企业架构的直接目的。

随着云计算越来越普及,许多企业正在从维护自己的硬件和数据中心转向将基础设施外包给云服务提供商,如

Amazon Web Services、Microsoft Azure 等。虽然商业云提供商为其托管的系统提供了大量有用的服务，但它们也带来了一些限制，而这些限制必须在企业架构中加以理解和考虑。实际上，这些限制在原则上与企业在内部托管系统时必须面对的限制没有区别，例如特定的处理器架构、可用带宽等。不同之处在于，通过转移到云计算，企业放弃了对这些因素的大部分控制。这并不意味着这些因素不再影响企业的系统及其实现目标的能力。由于这些因素会影响到企业的行为，所以必须在企业架构中考虑到它们。

类似的环境因素也影响着许多政府系统。在许多情况下，特别是在美国国防部内部开发的系统中，一个系统是由一个组织开发的，但由另一个完全独立的组织负责建立和维护该系统所依赖的通信基础设施。基础设施提供者有自己的需求和目标，通常来说，一个基础设施会支持许多不同的系统和组织，因此任何一个系统开发者的需求必须与所有其他系统开发者的需求进行平衡。实际上，这种情况是企业中的企业，任何给定企业的架构师都必须将基础设施提供者视为施加了某些限制的外部组织，必须将这些限制作为一个事实接受。

通信带宽也必须被视为基础设施环境的一部分。虽然一些企业可能有能力运行更多的电缆，或者改进无线通信基础设施，但大多数企业将受到通信限制，这是一个不可改变的因素。对于在通信基础设施非常有限或不可靠的严峻环境中部署了重要元素的企业来说，这是一个特别值得关注的问题。

一个明显的例子是军事系统,军事系统通常部署在只有无线电系统可用的通信基础设施的地区。这些系统必须依靠非常有限的吞吐量的无线电频率通信。同样的问题也适用于一些其他的各种不同的系统,如移动电子商务系统和远程医疗系统,在这些系统中可靠通信的可用性可能存在问题。每个系统的构建都必须考虑到这些通信限制,以便它们对企业实现目标的能力的影响能够被考虑到对企业行为的理解中。

许多基础设施因素以限制系统如何部署和运行的形式存在。因此,最好将它们视为架构上的约束,在计划企业如何实现其目标时,认可这些约束是外部的非常重要。外部约束比内部约束更难改变,分别对它们进行建模可以帮助架构团队识别该状态。

5.2.2　组织环境

需参与建模的环境因素应包括与企业发生定期交互的外部组织。这些组织通常在企业的直接控制之外,但它们可以对企业实现其目标的能力和企业产生的行为产生重大影响。作为影响企业的重要因素,外部组织必须在企业架构中加以考虑。

例如,一个零售销售商将不得不处理包括以下类别的外部组织:供应商、公众、银行和其他金融机构、政府机构(例如州税务局、联邦税务局)以及竞争者。所有这些组织都可能采取某些行动,这些行动会影响企业实现其目标的能力,所以它们可能也需要被包括在过程和行为模型之中。此外,每一个外部系统都可能拥有一个企业需要与之进行数据交互或服务调用的系统。如果零售商接受信用卡交易，那么信用卡交易必须提交给内部处理系统，该系统验证信用卡是否有效，将交易金额提交到持卡人的账单上，并向零售商收取交易手续费。这些都是零售商控制之外的因素，但它们确实对零售商的经营产生影响，从而影响零售商实现其企业目标的能力。

一个外部组织是一种特殊参与者，可以被建模为参与者模型。但我建议将外部参与者单独建模，主要基于两个原因。首先，分别对它们建模，可以在内部参与者和外部参与者之间建立一个清晰的描述。企业可以直接影响内部参与者，指导他们采取某些行动，而不采取其他行动。内部参与者可以被控制，并且他们可能正在努力实现企业的目标（如果他们不是，他们可以被重定向或更改）。一些外部参与者可能也在帮助企业实现其目标。例如，一家管理咨询公司被雇佣来帮助企业提高效率。但是大多数外部参与者对企业的目标要么是中立的，要么是敌对的。信用卡处理程序可能只关心它从零售商那里得到的手续费，零售商是否达到其销售目标对处理程序来说并不重要。甚至一个具有竞争关系的零售商可能会积极地做与企业的目标相抵触的事。一家零售商增加市场份额通常意味着另一家零售商失去市场份额，而第二家零售商不太可能坐视不管，不战而降。

5.2.3　系统环境

正如基础设施和外部组织是企业环境的一部分一样，外部系统也是企业环境的一部分。我们将在下一节中更详细地讨论系统建模,在这里我们将讨论外部系统与内部系统的区别。两者都使用相同的技术进行建模,但是由于企业架构师无法更改外部系统,因此必须清楚地了解它们对企业实现其目标的能力以及对企业内部行为出现的影响。

因为外部系统完全不在企业架构师的控制范围之内,所以除了接口规范中可用的信息外,企业架构师对它们几乎一无所知。外部系统实际上是终极的黑盒子:一个功能在外部视野中完全模糊的实体。事实上,外部系统的功能通常是完全模糊的,以至于企业架构师永远不能真正确定外部系统是单个系统、相关系统的集成,还是系统和完成某些功能的人类参与者的组合。这些细节与企业架构师完全无关,重要的因素是理解接口、外部系统相对于企业的功能,以及系统在企业外部的事实。

正如外部参与者以相同的方式与内部参与者建模一样,外部系统通常应以内部系统建模相同的方式建模,但它们应该被分组为外部系统,以保持企业架构中一个架构团队可以控制的系统(内部系统)和那些不能控制的系统(外部系统)之间的清晰描述。外部系统如何建模的一个主要区别是,企业架构团队将永远不会知道关于其内部结构的任何事情——它将永远是一个大规模的黑盒子。这与内部系统的模型相反,在特定的企业目标依赖于对某个内部结构的理解的情况下,系统模型可能在企业级别进一步分解为主要组件。

大多数情况下,企业架构师对外部系统的唯一了解就是向企业公开的接口的细节以及系统提供的服务（例如，信用卡事务处理）。该信息通常是在"要么接受，要么放弃"原则的基础上提供的，企业可以接受该接口、找到该服务的另一个提供者，或者完全不使用该服务。在某些情况下，可以通过协商对接口进行更改，但这只是例外而不是规则。外部组织可能向许多使用者提供相同的服务，为每个使用者定制接口是不切实际的。

理解接口意味着理解接口提供的功能、接口为每个功能使用的数据以及接口为每个功能提供的数据。继续以信用卡事务处理程序为例，我们可以知道该接口提供了三个功能：一个用于验证信用卡，一个用于完成信用卡购买，一个用于执行对信用卡的退款。卡验证功能可能需要持卡人的姓名、卡号、有效日期和卡验证值（CVV）。（CVV 是在大多数信用卡背面的三位数字。）这个功能返回的数据可能是一个简单的布尔值（例如，"True"说明卡是有效的）。刷卡购买功能可能需要与刷卡验证相同的所有信息，以及购买价格和卖家的一些标识符。如果交易成功，它将返回验证代码；如果交易失败，它将返回错误代码。我们应该使用与企业中处理或存储的所有其他数据相同的技术对该数据进行建模，并且应该将其与那些接口功能明确关联。

在对外部系统提供的接口进行建模时，务必了解这些接口提供的所有功能，即使它们目前没有被使用。这些功能中的每一个都是企业在更新自己的系统时可以使用的选项，并且可能有助于实现企业的一个或多个目标。如果不知道这些功能是可用的,就会在企业架构师对企业运行环境的理解上留下一个很大的漏洞。

5.3 系统

对企业内的系统进行建模是传统企业架构框架的重点,但是在本书中,我们将它们称为次要模型。请记住,我们所说的"次要"并不是说它们不重要,"次要"的意思是,架构师应该在创建企业架构的后期生成这些模型。也就是说,在企业架构的上下文中,我们认为系统建模是比其他活动更不重要的活动。

传统的企业架构框架从将高层次的需求和愿望分解成越来越详细的表示开始,直到有足够的细节来指定组成企业的各个系统。这种方法的结果是一个企业架构,可以包括企业中各种系统的所有实现细节。这是传统企业架构遗留下来的后遗症:系统框架都是以大量的细节开始的。当企业架构的需求变得明显时,许多系统架框架被"提升"并被重新命名为企业架构框架。正如本书前面所讨论的,这种方法不能很好地进行扩展,这也是为什么许多管理者普遍认为传统企业架构是失败的主要原因。

我们将采用一种与传统框架非常不同的方法来定义企业架构中的系统。我认为单个系统的实现细节超出了企业架构的范围,因此企业架构师对它们不太感兴趣,他们应该这样对待它们:在企业架构中,架构师应该将单个系统建模为一系列具有定义接口的黑盒。系统模型应该包含多少黑盒取决于系统获得许可或实现的方式。当系统作为一个单一的独立单位部署时（例如，一个商业工资单系统），建模的最好方法是将它当作一个黑盒子。当部署包含企业可能单独替换或升级的组件集合的系统时，架构师应该对它们进行详细建模。

5.3.1　单片系统

商业软件供应商经常将他们的系统作为一个整体单元来创建和销售，客户也将系统作为一个整体单元来购买和使用。客户不能将它们分解为单个组件以便在其他不相关的系统中重用，并且不能在不升级整个系统的情况下升级单个组件。定制开发的系统通常也是如此。实际上，架构师必须将这些系统视为单个单元。它们将以不同的方式与企业中的其他系统交互，但是除此之外，企业架构师不能修改它们。

企业架构师应该将这些系统建模为具有指定接口的单个黑盒。商业供应商定义那些接口，包括它们的输入和输出数据格式。尽管这些系统是企业的一部分，但是在对它们建模时，架构师应该像对待外部系统一样对待它们。它们内部功能的细节对架构师来说是不可见的，只有外部可见的效果是明显的。这才是企业架构师真正关心的一切。

为这些系统的外部可见效果以及它们可用接口的细节进行建模是很重要的，这样企业架构师就可以理解它们如何适应企业的流程和行为。此建模还为企业架构师提供了所需的信息，这些信息用来理解一个系统与其他供应商的类似的系统或内部开发的系统进行交换的含义。

了解系统的外部可见效果及其接口,可以预测删除或试图替换该系统将对企业产生的影响。如果架构团队决定删除系统而不替换它,那么依赖于这些效果的任何过程或行为都必须更改。架构师可以替换产生相同效果的不同系统,或者参与者可以改变他们的工作流以适应系统的损失。无论哪种方式,我们都可以期待对企业涌现行为产生的影响。

如果架构师确定了具有相同效果的替代系统,那么除非它具有与原始系统相同的接口,否则开发者需要更新与被替换系统交互的每个系统,以便与新系统一起工作。这将需要一些开发工作,并会对涉及被替换系统的任何企业行为进行一些合理的更改。

5.3.2 组件系统

一些商业系统和许多自定义开发的系统是独立开发的组件的集合,开发者将这些组件集成起来形成最终的系统。与单片系统不同,开发者通常可以替换组成这些系统的单个组件,或者用执行相同功能的其他组件替换它们。当两个组件具有相同的接口时,这么做起来尤其容易。

企业架构师应该将这些组件系统建模为一组通过定义良好的接口连接的离散黑盒。决定每个黑盒子应该分解多细是一个逻辑判断问题,适用于一个组件系统的规则可能不适用于另一个组件系统。一个很好的经验法则是,应该将这些系统分解到单个组件被打包的级别，并使其作为一致的单元可用，以便作为一个单元重用。换句话说，如果有问题的组件的单个安装包可以被多个系统使用，那么架构师应该独立地对其建模，否则，它在企业架构级别上是不可见的。

例如，一个开源关系数据库管理系统可能包括一个负责基本数据库管理功能的组件、一个用于编写应用程序日志的组件和一个通过应用程序服务器提供 Web 接口的组件。应用程序日志组件可能是一个常用的开源日志工具，但是如果外部系统不能向该日志工具写入事件，那么架构师就不应该单独对其建模。相反，如果其他应用程序可以在与数据库系统打包的应用程序服务器中安装它们的接口组件，那么架构师应该独立于数据库管理系统对应用程序服务器建模。在这种情况下，模型必须清楚地包括数据库管理系统依赖于应用服务器这一事实。

通过这种方式建模组件系统，架构师获得了几个优势。第一个优势是，通过将系统分解为可重用组件，架构师可以识别跨多个系统的常用组件。这是推动企业提高跨系统的通用性和互操作性（假设这是一个企业目标）的必要的第一步。如果四个系统使用相同的身份验证组件，而第五个系统使用不同的身份验证组件，这很有可能是互操作性问题的根源，除非通过将第五个系统转换为公共身份验证组件来增加通用性。

第二个优势是，对各个组件及其接口进行建模可以提供用来理解这种情况的所需的信息：某些提议的新组件何时可以取代或不能取代现有组件。如果提议的新组件执行与现有组件相同的功能,并具有相同的接口,那么替换将是可行的,无须进行重大的重新设计,架构师可以关注其他比较因素。但是,如果接口不相似,那么架构师就能够知道所提议的替换将需要对其他系统或组件进行重新设计。

在组件级别进行建模的第三个优势是,可以在企业级查看可能出现的漏洞。当发现给定软件包或接口规范中的弱点时,企业必须能够评估其对该漏洞的整体脆弱性。能够查询企业模型来识别那些组件比尝试评估每个单独的系统要有效得多。

5.4 标准

标准对于企业架构师很重要,因为企业架构应该帮助提高系统之间的互操作性和数据共享,以支持企业的目标。然而,重要的是要理解并不是所有的标准都是平等的,为了标准化而标准化常常是徒劳的。因此,企业架构师需要清楚地理解企业的目标,并承诺适当地应用标准来实现这些目标。

企业架构师关心的大多数标准是数据标准或接口标准。在对这些标准进行建模时,架构师通常可以重用现有的正式规范,而不是试图通过使用一些其他的建模约定来创建标准的新描述。在可能的情况下,将标准合并到架构模型中的最简单方法是将它们链接到实现它们的数据交换或系统接口。实际上,这是将标准捕获为外部引用的链接,而不是创建一个新模型。

标准通常与系统及其接口相关联，特别是与那些接口使用和生成的数据格式相关联。然而，标准也可能与过程或活动相关联，而不是与系统相关联。与系统生成的数据一样，手工开发的工作产品可能有一个相关的标准。无论标准与什么相关，架构师都必须清楚地确定标准是什么，以及如何将其应用于架构。除非标准与架构清楚地联系在一起，否则期望使用标准的实现团队将无法清楚地理解标准的适当使用。

在实践中，标准有两种主要形式：法律标准和事实标准。企业架构处理这些标准的方式略有不同，但结果应该是相同的：一个精心设计的数据模型和支持企业架构自动化分析和企业测试的接口格式。如果企业架构工作的目标之一是增加企业系统之间的互操作性，那么一种有效的方法就是根据它们应该实现的标准来测试接口。如果标准被清楚和正式地记录，那么制作一个测试来验证接口或数据构件是否符合标准是一个相对简单的活动。这应该是在企业中对标准进行建模时的主要目标。

5.4.1 法律上的标准

我所说的"法律上的"标准是指那些由标准制定机构（如国际标准化组织（ISO）或电气与电子工程师协会（IEEE））制定并批准的规范。这些机构的主要职能包括制定、审查和批准标准。它们发布的标准被多个行业、学术界和许多政府所接受，因为它们经过了彻底的审查，并由专门的工作组维护,这些工作组的成员在该领域和开发有用标准方面具有多年经验。

法律标准的例子涵盖了各种不同的功能,如定义桥梁中使用的结构钢的特定合金含量、规定家用电线中使用的交流电流的波形,以及标准化信息系统之间交换的数据包的大小和内容。企业架构师感兴趣的大多数标准与信息技术领域有关,并且这些标准都来自 ISO 和 IEEE 等组织。

大多数时候,标准组织使用一些精确的符号系统来定义标准。例如,开放地理空间信息联盟(Open Geospatial Consortium,OGC)用于表示地理信息的 KML[一]规范是使用 XML 模式定义(XSD)定义的。KML 使用 XSD 定义了 KML 规范,其详细信息足以验证 KML 文档的任何实例,以确保格式是正确的,它还为开发者提供了足够的信息来创建符合要求的实现。重新创建这个规范会浪费架构师的时间,并引入维护问题。每次标准组织更新规范时,架构师都必须更新架构模型,然后直接链接到权威版本,这么做要简单得多。

架构师应该尽可能避免的一件事是创建新的标准,除非没有其他方法来解决特定的互操作性问题。许多政府都倾向于制定政府特定的标准,这可能是出于习惯,也可能是因为他们认为目前没有合适的标准。出于习惯创建新标准是标准化不那么普遍的时代的遗留物,特别是在信息技术系统中。在只有政府才能负担得起建立大型信息系统的时候,由于没

㊀ 以前是 Keyhole Markup Language。

有国际标准机构，所以互操作性需要政府制定一个标准。在许多情况下，旧的习惯仍然存在，政府机构花费了无数的时间和大量的金钱来制定他们自己的原始标准。在大多数情况下，现有的商业标准或国际标准满足了最初产生政府特定标准的绝大多数需求。

在少数情况下，政府制定的标准可能是适当的。例如，在军事行动地图上用于识别友军、敌军和中立部队的符号，不像那种有足够大的商业应用范围的情况，不足以引起专门标准机构的兴趣。然而，在绝大多数情况下，开发自定义标准是对有限资源的拙劣使用。在大多数商业企业中，如果没有合适的商业或国际标准存在，就更不需要制定规范。没有标准的事实并不一定意味着互操作性将更加困难。事实上的标准可能就是开发者所需要的。

5.4.2 事实上的标准

事实上的标准不是正式意义上的"标准"。没有建立和维护它们的行业联盟，没有一个专家团体会仔细审查每一项提议的改变并决定它是否会被采纳，而且也没有公开可见的程序来提出和辩论改革。实际上，事实上的标准只是那些经常使用的数据和接口格式，它们也可能是法律上的标准。

也许最广为人知的事实标准是 Microsoft Word 文档格式。尽管它不是典型标准机构的产品，但它在工业、学术界和政府中被广泛使用。实际上，由于 Microsoft Word 应用如此广泛，它的文档文件格式已经成为交换文字处理文档最常用的文件格式。尽管它是由单一的商业供应商而不是由行业代表或学者组成的联盟开发的，但它已经成为一种事实标准。

事实上，大多数信息技术系统几乎完全依赖于事实标准，而不是法律标准。支持现代信息技术系统的最重要的标准是来自互联网工程任务组（Internet Engineering Task Force，IETF）的标准。传输控制协议（TCP）、互联网协议（IP）、以太网和许多其他标准都经过了彻底的审查过程，但还没有一个标准组织正式批准它们。这就是为什么大多数IETF出版物都带有"请求评议"（RFC）的名称。它们只是作为征求对一项提议的评议而公开。那些得到足够的社区认可的标准成为事实上的标准。

仅仅因为事实标准没有经过国际组织监督的过程，并不意味着事实标准的定义不如法律标准严格。对IETF发布的任何RFC进行回顾，都会揭示一个精心定义的描述，它提供的严格程度不亚于任何国际标准机构的出版物。但这也并不意味着所有事实上的标准都像正式标准一样有文档记录，虽然大部分情况下是这样的。

如果架构中的事实标准不包括正式定义，那么企业架构必须用足够的细节对其进行文档化，以支持它希望应用到企业架构模型的自动化分析级别。理想情况下，架构团队将严格地记录每个事实标准，就像它记录法律标准一样，但是现实情况是，这可能是不可行的。如果对于任何给定的标准都没有好的文档，那么企业架构应该注意到这一事实。

5.5 总结

本章所描述的模型是我们称为"次要的"模型,但它们的重要性并非次要的,它们只是在创造的次序中是次要的。这些模型中的每一个都依赖并与一个或多个主要模型相关。尽管他们的名字是"次要的",这些模型构成了任何企业架构的核心。

行为是我研究企业架构方法的主要关注点之一。企业架构师最感兴趣的是任何复杂系统产生的行为。第4章中描述的过程代表了企业管理事务的理想化概念,而这里描述的行为代表了实际发生的事情。它们反映了企业如何执行的那些特征,这些特征对企业实现目标的能力有最大的影响。

行为建模捕获了人们实际如何使用系统,系统之间如何相互关联,以及系统执行的任务。这些交互中有许多是不容易预测的,因此捕获它们使企业架构师能够比较企业正在做什么,以及这些工作如何促进或削弱企业实现其指定目标的能力。创建行为模型最简单的方法是从系统和应用程序日志中捕获必要的信息。这些日志代表了真实世界的活动,大多数拥有有效网络安全监控程序的企业已经在收集这些信息,减少了创建行为模型所需的工作量。在某些情况下,日志不会提供足够的信息来捕获行为,企业架构师需要通过访问用户来记录模型。无论信息是如何收集的,行为都应该使用正式的流程模型来记录,以支持对流程、其他行为和架构中的其他模型的自动分析和比较。

环境建模包括影响企业架构但通常超出企业控制的建模因素。这些因素包括企业系统部署的基础设施以及它们在其中的运行。在某些情况下，基础架构模型可能包括企业拥有的资产，但是由于完成此类更改需要一定的成本和进度，这些资产很难更改。环境的其他重要方面包括与被建模的企业交互的外部组织，以及企业在实现其目标过程中使用的外部系统。对环境进行建模的重要一点是要理解，尽管这些是有效的不可变约束，但这些因素可能对企业的应变能力以及实现其目标的能力产生重大影响。

企业内部的系统构成了企业架构的另一个重要部分，但其方式与传统架构框架不同。传统的企业架构框架关注于生成系统预期功能的详细理解，以支持那些系统的开发，这里讨论的架构框架将单个系统的内部结构和功能视为超出了企业架构范围。在这个框架中，我将系统建模为黑盒，通过定义良好的接口执行理解良好的功能。有些系统是单片的，架构师或开发者不能轻易地将它们分离为单独的可重用组件。其他系统由许多可分离组件组成，开发者可以更新单个组件并跨系统重用它们，以提高效率和互操作性。对系统进行这种详细级别的建模可以帮助企业架构师找到并利用系统之间的共性。

第 6 章　Chapter 6

企业架构建模

　　定义企业架构的适当范围和关注点、理解模型和图之间的区别、指定应该创建的模型类型——这些都是有用的东西，但是它们并不能告诉我们如何建模企业架构。本章描述了如何将这些元素组合成一个功能性的、可管理的架构，高级领导可以使用该架构来指导企业并朝着实现其目标的方向前进。

　　正如我前面解释的，传统的企业架构框架假设企业架构师将从一个高级的、非常抽象的需求声明开始，然后递归地分解它们，直到有足够的技术细节将其交给实现团队。当企业创建单个大型信息系统时，这种类型的自顶向下控制是有意义的。然而，当时开发架构框架的人都只是在信息技术和计算机科学行业的早期工作，那时只存在着相对较少的信息系统，而且那些已经存在的信息系统的能力也非常有限。每次开发一个新的信息系统时,它很可能是某种新的能力,而这种能力没有现有的信息系统作为模板。即使到了20世纪90年代,许多我们今天认为是理所当然的IT能力也并不存在。开发团队在每次实现一个新系统时都必须发明新的功能。

今天的情况大不相同。我们可以夸张地说,每一个可以实现的功能都已经被实现过了,所以绝大多数的信息系统在今天我们要实现它们的时候,要么使用更现代的技术来实现,要么通过集合现有的系统的功能来提供一个新的功能。大多数开发团队不需要发明任何东西,他们有大量的例子可以用作模板。这就是企业架构的现代方法与传统方法如此不同的原因,绝大多数开发团队组装现有组件并集成现有系统以满足用户的需求,他们并不需要发明全新功能的能力。

是的,有时候开发团队必须发明全新的功能。机器学习领域是一个明显的领域,研究人员正在开发新技术,实践者正在创造新的功能。然而,这些情况只是例外,而不是规则。类似地,建立企业架构的绝大多数工作是为了给企业中现有的系统集合带来一定的秩序,而不是从头开始为一个全新的企业设计一个架构。本章中描述的企业方法反映了这种理解,并利用它使企业架构工作既易于处理又有效。

6.1 动态企业架构

企业架构框架是一种组织架构师的思想和架构产品的方法,一方面是为了将它们划分为可管理的块,另一方面是为了确保架构解决所有的各种问题,例如用户体验和基础设施。但是企业架构本身——由架构师在框架范围内生产的产品——传统上扮演着类似于建筑架构的角色。当准备建造一座建筑时,建筑师会为完成后的结构设计一个方案,方案中还包括一些关于建造者应该使用什么材料的信息。一旦建造者建造好了建筑,建筑师的工作就完成了。由于建筑已经实现了它的目的,这些计划就被归档或处理掉了,之后建筑师就转向其他工作。该建筑矗立着并被使用,相对不变,直到业主希望进行一次大的改造。当进行装修时,第一步通常是聘请一位建筑师,重新开始设计和施工过程。

企业架构的不同之处在于,企业的结构不是静态的。现代企业是高度动态的:团队在几乎连续的基础上实现、更新和替换系统;管理层可以定期对组织进行改组;企业可能改变使命或经营模式;还有其他的一些变化来来去去。企业架构是一项持续的工作,以更好地对齐企业的系统、流程和结构,来适应这些变化。在这样的环境中,为什么我们要期望企业架构是一组静态的构件呢?传统的企业架构框架将企业架构视为一组固定的模型或图表,开发团队将其作为工作的起点。考虑到现代企业是动态的,没有理由期望一个静态的企业架构在架构团队对其进行文档化几个月之后仍然有用。

企业架构师必须接受的架构的另一个重要方面是,任何架构在与开发团队的接触后,都将失去存在的意义。一旦架构师提交了架构模型,架构师就转移到次要位置,并由现实驱动事件发展。开发过程中的用户需求变化、新技术的出现、业务需求的变化、时间表的变化——潜在的变化是无穷无尽的。一个好的开发团队能够快速响应这些更改。新的开发模型，如敏捷和 DevOps 就是用来应对这种快速变化的。其中一个不变的事实是，大多数时候，没有人更新原始的架构模型来反映已部署的系统。企业架构和系统架构都是如此。

在这种情况下，花几周或几个月的时间来创建一个非常详细的企业架构是没有意义的。如果架构不能准确地反映企业中其他领域的系统，那么它作为管理工具是无用的。为了使企业架构成为有用的管理工具，我们必须使企业架构至少像企业本身一样动态。任何需要很长更新和审批周期才能让领导将其用于运营目的的管理工具都不适合现代商业环境。架构师必须根据详细程度和时间来确定架构的范围。以这种方式对架构进行界定可以将架构师的任务限制在可处理的范围内，并且它定义了架构适用和有用的边界。

6.1.1　由细节确定边界

如果说从高层次的需求陈述开始企业架构并逐步将其分解为实现级的细节是不切实际的，那么我们必须有一些方法来限制我们在架构中包含的细节的数量。坦率地说，我们必须确定我们的模型将如何出错。我们必须有一些合理的方法来决定多少细节对企业架构来说是足够的。

定义架构的范围是界定架构最显然的方法。在企业架构的情况下，我们必须决定我们所建模的企业是由什么组成的，包括企业的范围有多广，以及企业架构中需要有多深的细节级别才能使其有效。决定企业的范围需要我们定义企业的界限。我们可以通过决定创建参考架构还是解决方案架构来确定适当的细节级别。

1. 定义企业级

企业级是一个相对的名词。通常，当我们讨论企业架构时，我们讨论的是包含组织的所有架构。但即使这样，这也不是一个足够清晰的方法来决定什么是企业内部的，什么不是企业内部的。组织不是单一的结构，它们通常按职能划分为子组织。一个大公司是一个企业，但是这个公司也可以有多个部门，每个部门都是一个企业。例如，通用汽车是一个企业，但它有几个子企业：雪佛兰、别克和其他。每个部门都独立管理自己的企业。结果就是企业的企业，每个企业都可能有自己的企业架构。然而，这些企业架构中的每一个都应该与整个企业架构保持一致（在本例中，就是通用汽车的企业架构）。

为了正确定义企业架构的范围，企业架构师必须从管理层那里得到明确的指导，明确企业架构师的职责范围。因为企业架构的目的是满足高级领导定义的企业目标，所以定义企业架构的宽度是领导的特权。此外，企业的领导有责任定义自己组织的企业架构和其他组织的企业架构之间的关系。实际上，该定义通常包括资金责任的概述。企业领导者将调整其企业架构的范围，以涵盖他们提供资金支持的所有内容，并排除他们不提供的内容。

即使高级领导清楚地定义了企业架构的范围，对于企业架构师来说，预测高级领导没有明确定义的关系和职责也是一个很好的实践。继续使用通用汽车的示例，负责为雪佛兰准备企业架构的架构师最好记住，雪佛兰是更大的通用汽车企业的一部分。因此，雪佛兰企业架构团队应该与通用汽车企业架构团队合作，以确保他们的产品至少不会发生冲突；理想情况下，雪佛兰企业架构将连接到通用汽车企业架构中的适当模型，并从这些模型中派生出来。

定义企业的范围建立了架构的宽度。下一个任务是建立企业架构必须包含的深度或详细程度。有许多不同的术语用于表示架构中的细节级别，但是我倾向于将其限制为两个：参考架构和解决方案架构。

2. 参考架构

参考架构不指定其中系统的实现细节，而只是指导和约束它们的定义。顾名思义，实现团队应该将其作为一个引用而不是一个特定的设计。

系统的参考架构用通用术语定义了系统的主要组件以及这些组件之间的预期连接。每个组件的功能、接口规范、内部结构和类似的实现信息的细节超出了参考架构的范围，这些细节应该留给解决方案架构。工资管理系统的参考架构可能包括用户接口、服务器组件和数据库，以及用户接口和服务器之间连接的规范。即使这些接口在所有系统之间通用，有关这些连接的细节也不应该包含在参考架构中，除非企业有一个特定的目标。用户接口是通过网络连接到服务器，还是托管在服务器上的 Web 接口是一个实现决策，因此它是解决方案架构的职责范围。

在企业架构的情况下，试图定义企业中各种系统和应用程序之间的所有预期组件和连接，与企业作为复杂自适应系统的理念是不一致的。此外，在敏捷或 DevOps 环境中，这些定义随着时间的推移将很难维护，因为开发团队会独立地不断更新系统。一旦企业架构团队记录了一组组件和连接，开发团队就可能改变系统架构，需要对企业架构进行更新。

为了有用，企业架构应该是一个严格受限的参考架构。它应该包括在前面章节中讨论的模型，并着重于指导和约束系统与应用程序开发者，以确保他们的工作结果能够共同帮助企业实现其目标。除了有计划的定期更新外，大多数数据都是相对静态和不变的。

企业架构应该定义的最重要的事情之一是一个或多个受控词汇表，实现团队应该使用这些控制词汇表来描述他们的系统功能、接口以及在这些接口之间流动的数据。例如，企业架构可能指定使用通信协议和端口号的组合来描述接口（例如，"端口 8443 上的 https"）。

其他重要的模型可能提供企业必须遵循的过程的精确规范，并提供足够的详细信息，使实现系统满足规定这些过程的法律、法规或政策的要求。当以这种方式构建时，企业架构不是供开发者实现的蓝图，而是一组指导方针，系统实现人员将使用这些指导方针确保他们在设计和实施系统时朝着实现企业目标的方向工作。

3. 解决方案架构

解决方案架构指定了应该如何构造和操作一个特定的系统（或多个系统的系统）。参考架构提供一般的指导原则，而解决方案架构提供特定的说明。详细的实现设计解释了系统的内部工作原理。

传统企业架构实践的主要目标是最终开发出解决方案架构。解决方案架构是传统企业架构框架提倡的所有分解的结果。虽然开发团队需要实现细节，但它超出了企业架构的范围，不应该包含在其中。企业架构和解决方案架构之间应该有一个清晰的界限。

解决方案架构和企业架构之间存在单向关系。企业架构记录了企业的目标、实现这些目标所需的预期流程、企业中产生和消耗的数据、企业中系统之间的关系，以及构成第4章和第5章中描述的模型的其他因素。解决方案架构使用企业模型作为输入，并从这些模型中派生出特定的系统实现。解决方案模型必须符合在企业架构中建立的约束，例如使用来自受控词汇表的术语来描述系统功能。在这方面，解决方案架构必须将其设计元素追溯到实现团队从中派生出来的企业架构的那些部分。

反之则不然，企业架构并不指定哪个系统实现给定的功能。那样做就会有很多的细节，并且会破坏将企业视为一个复杂的自适应系统的目标。换句话说，只要企业满足其规定的目标，企业架构师不关心任何给定的业务流程是如何实施的。这个过程是使用3个不同的自动化信息系统的集合，还是使用一个由7个人组成的高效团队，与企业架构师或高级企业领导无关，他们关心的是实现企业的目标。流程实施的细节与负责实施流程以实现这些目标的低层管理者高度相关。这些管理者必须提高效率、降低成本，并采取其他行动来实现企业目标，因此他们处于处理实施细节的最佳位置。

通过尝试从企业级分解到解决方案架构细节，传统的企业架构框架陷入了太多的细节当中，失去了对其主要目的的关注。现代开发技术，加上企业在当今动态市场中生存所需要的日益增长的敏捷性，使得这种自顶向下的控制不切实际。传统的企业架构框架对于开发解决方案架构仍然有用，但是它们不适合现代企业架构的需要，企业架构师必须敏锐地意识到这一区别。

6.1.2 由时间确定边界

传统企业架构框架的一个有缺陷的假设是，架构是一个持久的构件。实际上，所有的架构都是短暂的。一个正确构造的参考架构可能会持续一段值得注意的时间（可能长达一年），任何其他架构都应该被视为具有有限时期效用的临时构件。

架构基本上是临时的构件。无论是企业架构还是解决方案架构，它都将被描述为两个阶段中的一个。架构将反映企业或系统的某些期望的最终状态（目标或"to-be"架构），或者反映企业或系统的当前状态（"as-is"架构）。任何其他事情都不重要，甚至可能会产生误导。

每个架构构件都必须包含架构师创建它的时间和架构的预期目的的引用。to-be 架构应该有一些它所代表的未来，而 as-is 架构应该有一些它所反映的已定义的瞬间。任何架构构件如果没有对其所代表的时间进行说明，那么它作为指导企业的管理工具几乎是没有用处的，因为没有方法来判断它当前是否准确。

1. as-is 架构

as-is 架构是一个完全短暂的产品。as-is 架构的有效性受到架构师或开发者准确记录企业或系统当前运行状态的能力的限制。此外，在应用配置更改或系统打补丁时，as-is 架构可能变得不准确。在使用模型驱动架构或从模型自动生成源代码的其他方法构建的系统的有限领域之外，你不能依赖原始设计作为当前存在的系统或企业的准确反映。

系统实现的现实情况是，没有架构在开发团队接入之后还能够继续有效。即使是最仔细考虑的设计在实现过程中也会遇到意想不到的困难。按照相同标准构建的组件不能按照预期实现互操作。用户需求变化或者其他一些因素打乱了架构师精心制定的计划，开发团队必须更改实现以适应变化。在绝大多数情况下，很少有开发者在设计状态更新架构以反映已构建的系统。即使开发团队为反映已构建的系统更新了架构，后部署的系统更新也将导致功能性系统在很大程度上与文档不同。

区分已部署的系统以及新设计的系统最明显的方法是通过软件更新。系统管理员同时更新一个单独的组件或多个相互关联的组件，其结果通常是使系统具有与原始系统设计不同的功能(以及潜在的不同的漏洞)。即使只是做配置更改(例如将身份验证机制从本地用户名和密码对切换到中央凭据管理系统)也会影响系统的工作方式，以及是否帮助、如何帮助企业实现其目标。企业内部的系统处于不断变化的状态，今天的企业状态不一定是明天、下周或下个月的企业状态。

如果企业中的每个系统都在不断变化，那么更新原有架构的任务似乎是没法拒绝的。在过去的几年里，这是一个艰巨的挑战，需要大量敬业的建模人员参与。然而，过去几年出现的复杂网络威胁提供了一个意想不到的帮助，可以减轻这一负担。作为检测未经授权修改的工作的一部分，商业网络监控软件可以对系统配置进行分析、编目和记录。企业架构师可以在任何给定时间重用这些信息来生成系统的快照。

应用程序日志和系统日志分析工具为架构师提供了对参与者如何在企业内使用系统的有价值的见解，并提供了数据如何在系统之间以及如何进出企业的记录。这些工具提供了系统如何被实际使用的描述，而不是系统如何被设计使用的描述。例如，企业差旅系统通常是为这样的工作流程设计的：员工创建的旅行行程必须经过其经理的批准。有些系统还具有这样的特性，即员工可以将创建行程的权限委托给行政助理，在实践中，经理还可以将审批权限委托给其行政助理。不管系统最初是如何设计的，它实际都是这样被使用的。

通过将系统快照与来自日志文件的数据流信息结合起来，架构师可以创建企业在某一时刻如何运行的精确画面。聚合在不同时间拍摄的几个快照，可以揭示企业的一些涌现行为，并显示整个企业的活动趋势和模式。

2. to-be 架构

to-be 架构比 as-is 架构有更长的保质期，但它仍然是一个寿命有限的构件。to-be 架构的目的是描述企业预期的未来状态。企业架构团队和高级管理者使用 to-be 架构来开发一个计划，目标是将企业从当前状态转换为未来状态。为了使转换计划能够最大可能获得成功，架构团队应该将 to-be 架构建立在对 as-is 架构当前状态的合理且准确的理解之上。

因为企业和其包含的系统处于不断变化的状态，to-be 架构及其相关的转换计划只在相对较短的时间内有效。to-be 架构必须是一个活的构件，在企业更新系统和企业目标时进行更新。此外，随着企业中的新行为的出现和旧行为的发展，架构团队必须更新 to-be 架构。

将企业从当前状态带到 to-be 架构所描述的状态的计划通常涉及更新现有系统或创建新系统。这意味着开发团队将创建新的解决方案架构。因为这些解决方案架构在与开发人员接触之后将无法继续使用，所以在实现团队完成系统更新之后，有必要创建新的 as-is 和 to-be 架构。在 DevOps 环境中，更改将更加频繁和有规律地更新 as-is 和 to-be 架构，这种做法尤为重要。

to-be 架构是一个不断变化的目标，架构团队必须定期更新它，以保持架构与企业之间的相关性。架构可以表示企业未来三年的预期状态，但是这三年有一个结束日期。如果 2014 年创建的目标架构描述了企业在 2017 年的预期状态，那么该架构在 2018 年就不再是一个目标架构。它顶多算是一件历史文物。理想情况下，企业应该已经实现了架构所代表的目标。如果没有，那么领导层需要更新企业目标，而企业架构团队需要更新 to-be 架构，以反映基于当前情况的计划变更。

6.2 创建模型

既然我们已经定义了组成企业架构的应有的模型，并且需要适当地确定架构的范围，那么我们就有了必要的上下文来讨论企业架构的真正内容：创建架构模型。尽管创建模型需要注意细节，且需要对所选的建模语言有全面的理解，但创建模型的机制并不困难。创建模型还需要架构师对架构的结构化进行一些思考，包括单个模型尺寸以及它们将如何分组。

不管你选择的建模语言或工具是什么，重要的是将不同的模型链接到它们重叠的地方。例如，当你拥有一个系统及其接口的模型，以及每个接口产生或使用的数据的模型时，系统模型应该包含从每个相关接口到相应数据模型的直接链接。同样，流程或行为模型应该包括那些模型中的活动、执行这些活动的参与者和这些参与者使用的系统之间的显式链接。这种链接对于支持架构的企业级分析至关重要。只有通过链接相关的模型，你才能分析潜在变更对企业的影响。如果不链接架构模型，那么你就无法知道给定系统中的更改将影响哪些流程，或者如果数据格式更改，哪些系统可能需要更新。

你将不得不手动开发许多模型，因为除了人为创建之外，没有其他方法来生成它们。企业目标、流程和数据模型都是在开发企业架构时必须创建的模型示例。外部组织可能开发和维护其中的一些模型，特别是标准化数据格式的模型，但是出于我们的目的，它们仍然是手动开发的模型。这些是你创建并链接在一起以形成你的架构的模型。综合起来，这些手工模型将形成企业架构的主干。除此之外，还存在其他模型，这些模型可以使基础架构发挥作用，并使你的企业架构成为有价值的管理工具。

架构师可以手动创建描述企业中涌现行为的模型。但是，仅仅因为某件事是可能的，并不能意味着它是可取的——它甚至可能不实用。涌现行为的一个关键特征是它们自发产生，这使得很难预测它们会在哪里、如何产生，以及企业的哪些部分会参与其中。与其手动捕捉行为，不如自动捕捉这些行为。我们用来生成 as-is 架构的网络监控系统也可以展示企业的涌现行为。通过捕捉行为者的行为和系统之间的数据交换，我们可以捕捉到这些涌现行为的足够细节，从而生成一个准确的行为模型。根据企业的规模和你收集的监视信息的数量，你可能会发现创建小型应用程序非常有用，这些应用程序将把监控工具的输出转换为你选择的建模语言，或者转换为你的建模工具可以导入的格式。这将大大减少构建准确的行为模型所需要的工作量。

以这种方式创建行为模型起初听起来似乎是一项艰巨的任务，但是关于这些模型，有两件事需要记住。第一，你不需要为企业中的每个涌现行为建模。你只需要对那些与企业目标相关的涌现行为进行建模。理想情况下，这些行为中的大多数将对企业的目标做出积极贡献，但是有些行为可能会偏离企业的目标。不管怎样，你选择的行为应该会引起企业架构团队和高级领导的兴趣，其他行为就不那么重要了，应该优先考虑那些有用的行为。第二，记住，你的行为模式不需要是完美的，它们只需要足够准确，以了解企业是否在朝着实现其目标的方向前进。回顾前面的章节，我们知道所有的模型都将会是错误的。你的行为模型只需要足够正确，可以符合它们的目的，额外的细节无关紧要。

6.2.1 建模语言

显而易见的是在创建模型之前必须选择一种建模语言。不显而易见的是如何从众多建模语言中选择一门语言。对可用建模语言的详尽讨论超出了本书的范围，但是对最常见的建模语言的简要回顾将会有所帮助。有些建模语言是特定工具特有的，或者被设计来支持特定的架构框架。这些语言可能适用于你的企业架构，但在选择其中一种语言之前，请确保完全理解其局限性并能够使用它们。在接下来的讨论中，我只讨论独立于工具和框架的语言。

建模语言就是一种工具，不会有更多的功能，也不会有更少的功能。建模语言对于架构师来说是工具，就像锤子对于木工来说是工具，扳手对于汽车修理工来说是工具一样。与物理工具一样，建模语言是专门化的，任何建模语言都比其他非建模语言更适合于某些建模任务。不管厂商和语言开发者怎么说，都不会有一种语言适合所有的建模任务。没有什么银色子弹，即使是有银色子弹，任何一个孩子都可以告诉你，银色子弹只对狼人有效，你必须用不同的工具来对抗吸血鬼和其他怪物。

当你在接下来的段落中阅读建模语言的内容时，请记住前面章节中关于模型是正式规范的讨论。这个定义中没有任何关于特定语言的内容。你可以使用任何形式为需要完成的任务创建模型。如果你愿意，可以使用 C、Java、Python 等语言或任何其他图灵完备编程语言创建一个作为计算机程序的架构模型。毕竟，它们是正式的表示。大多数时候，你会发现使用为建模系统和架构而设计的图形建模语言要容易得多，但是当其他语言更适合你的建模需求时，请不要犹豫，立刻使用它们。

在实践中，通过使用多种语言的组合，你可能会获得最佳效果。大多数现代建模工具都支持一种以上的语言，可以本地支持,也可以通过附加模块支持。每种建模语言都有其优缺点,而且每种语言都更适合创建某些模型。在接下来的章节中,我简要概述了一些比较常见的建模语言,并在他们最适合用来构建架构的地方做了一些说明。

1. 统一建模语言

统一建模语言(UML)最初是一种通用的图形格式,是软件开发者用来表达他们的设计的一种方法,UML 主要用在软件开发当中。它包含了设计面向对象软件的通用元素,包括类、接口、参数、用例等。UML 是一种标准化语言,由一个国际技术标准协会——对象管理组织(OMG)发布和管理。多年来,OMG 已经更新了 UML 以适应不断变化的软件开发实践,但是它从根本上仍然是一种软件建模语言。

架构师可以使用 UML 来创建一个完整的企业架构所需的任何模型,但是 UML 的软件设计传统可能会导致在某些情况下模型不像你希望的那样精确。因为 UML 是一种正式语言,具有定义良好的语法和语义,所以 UML 支持对 UML 中定义的模型的自动分析。然而,又因为 UML 被定义为一种图形化语言,所以对自动 UML 分析的任何支持都只是建模工具的一个特性,通常不能分离为一个独立的实用程序。创建一个定制的工具来进行 UML 分析是一项重要的任务,这项任务需要企业投入大量的资源来完成。有一种 UML 的 XML 表示形式,即 OMG 发布的 XML 元数据交换(XMI)格式。但是,XMI 被设计为支持跨建模工具的 UML 图的交换,并且它的重点是模型的图形表示,而不是结构,因此XMI不容易用于自动化分析。

标准 UML 元素(例如类和接口)非常适合对系统和接口进行建模(这是它们的设计目标),但是我发现该语言不太适合对系统的系统、数据和流程进行建模。在建模系统的系统和数据时,自由使用构造型来创建定制的 UML 概要文件在很有帮助,但是我发现 UML 活动模型并不很适合建模流程和行为。

你可以使用 UML 活动模型对流程和行为建模,但是生成的模型很可能在流程中包含歧义,你将需要以其他方式澄清这些歧义。特别是,UML 活动模型对决策点的细节以及对定义流程中活动数据构件的创建或使用的支持有限。

UML 非常适合对角色、系统和环境的各个方面进行建模。在建模流程和行为时,我更喜欢使用一种能够更好地支持描述决策点的语言,同时该语言也能够更好地支持描述流程中使用的数据构件。

2. 系统建模语言

与 UML 一样,系统建模语言(SysML)是 OMG 的产品。SysML 不是与 UML 截然不同的语言,它是 UML 的概要文件。也就是说,它重用 UML 的各个部分,修改语言的其他部分,并扩展 UML 以创建一些新的元素。顾名思义,OMG 设计 SysML 是为了建模一般的系统(与 UML 关注于建模软件系统相反),它包含了非常适合建模物理系统和网络物理系统的元素。OMG 将 SysML 构想为一种支持基于模型的系统工程（MBSE）实践的语言。MBSE 是一门工程学科，其重点在于在实现团队构建系统之前开发详细的模型，这些模型可以通过自动化分析来实现完整性和正确性。

由于 SysML 的适用范围比 UML 更广，所以它更适合大多数企业架构模型。特别地，SysML 包含了一种被称为参数化模型的模型类型。参数化模型允许建模者定义系统和接口上的约束，并检查模型与这些约束的一致性。一个好的建模师可以用标准 UML 做同样的事情，但是它要求建模师创建一个非常详细的 UML 概要文件，这相当于 SysML 的重新实现。

创建 SysML 的一个重要原因是它支持运行模型的自动化分析，用以确保约束和其他因素保持一致。因此，SysML 建模工具通常支持对 SysML 模型的自动分析。然而，这种支持通常是建模工具的一个特性，不能作为独立模块使用。与 UML 一样，SysML 被定义为一种图形化语言，创建自定义分析工具并不是一件简单的事情。XMI 也可以用来表示 SysML，所以它可以跨工具移植。

SysML 的 UML 传统赋予它一些与 UML 相同的优点和缺点。在建模过程和行为时尤其如此。SysML 并没有明显地扩展 UML 活动模型，因此在这方面它与 UML 有同样的歧义。对于建模流程和行为，我更喜欢业务流程建模标注（BPMN）。

3. 业务流程建模标注

业务流程建模标注（BPMN）语言是 OMG 发布和维护的另一种图形建模语言。与 UML 和 SysML 不同，BPMN 不是一种通用的建模语言，它是一种专门为工作流建模而设计的语言。BPMN 根植于业务流程工程领域，它不太适合建模任何非流程的东西。但是，专门化语言在建模中有自己的位置，你可以在合适的地方使用它们。

BPMN 的最初版本是一种纯粹的图形化语言，在这方面类似于 UML 和 SysML。许多建模工具都包含了可以分析 BPMN 模型的实用工具。2011 年发布的 BPMN 版本 2 包含了一种正式的 XML 语法，用于以机器可解释的格式表示 BPMN。XML 的 BPMN 表示比 XMI 简单得多，不太关注图形表示。结果是一个更紧凑的 XML 表示，它关注模型的结构而不是外观。这使得在需要时创建独立的自定义分析工具更加容易。

我更喜欢使用 BPMN 来建模过程和行为，因为它有一组比 UML 或 SysML 活动图更丰富的元素来表示工作流。除了包含一组用于描述消息交换、文档创建和使用以及其他数据构件的健壮元素外，BPMN 还包含复杂的决策点表示，如果你的模型需要这种准确度，它可以准确地描述任意复杂的流程。

许多支持 UML 或 SysML 的工具也支持 BPMN，并且将这两种模型类型组合到同一个架构中通常很简单。大多数支持多种建模语言的工具还包括将不同语言创建的模型元素链接的方法。例如，BPMN 模型中的一个活动可以包括一个到执行该活动的系统的 UML 模型的链接。然而，一个好的建模工具不会让你在同一个模型中混合和匹配来自不同语言的模型元素，这样做会违反两种建模语言的规则。例如，虽然你可以从一个 BPMN 活动链接到一个 UML 系统模型，但是你不能在 BPMN 模型中使用 UML 活动图的元素。

4. Web 本体语言

虽然大多数架构师不会认为 Web 本体语言（OWL）是一种架构建模语言，但是我发现 OWL 在对企业架构进行建模时非常有用。我使用 OWL 有两个主要目的：数据建模和描述架构元模型。

OWL 是资源描述框架（Resource Description Framework，RDF）的衍生品，RDF 是描述数据和数据模型的一种手段[⊖]。OWL 使用 RDF 对一种描述逻辑进行编码，这是一种为支持机器推理而开发的知识表示语言。OWL 可以定义事物的类、类的属性以及类之间的关系。OWL 的主要用途是定义它所建模的对象的语义，这使得 OWL 成为定义数据模型的最佳选择。为了分析数据，我们必须了解其中每个元素的语法和语义，不管后续是由人还是机器进行分析，这个做法都是正确的。如果没有这种理解，分析师可能会误解数据。通过使用

⊖ 这是对 RDF 的非常简单的描述，但是更详细的描述超出了本书的范围。更多信息请见 www.w3.org/TR/rdf11-concepts/。

OWL 正式定义数据模型，你可以确保任何人（或机器）都能够理解每个数据元素描述了什么以及这些元素如何相互关联。请注意，这并不意味着任何系统都必须以这种方式储存数据，系统只需将它们的数据存储格式链接到 OWL 模型。

除了数据建模，OWL 也是描述架构元模型的极佳选择。从技术上讲，你选择的架构语言将定义你的语言元模型。除此之外，你将很可能为你的架构采用某些建模约定，例如为模型元素使用特定的原型，或者为元素之间的关系使用命名约定。这有助于保持你自己的企业模型的一致性，并为系统实现团队在描述其系统设计时提供了可重用的受控词汇表。通过将他们的模型链接到受控词汇表，系统实现团队可以将企业团队彼此之间的沟通不畅最小化。例如，如果一个团队使用原型"外部接口"来描述其系统向其他系统公开的任何接口，而另一个团队使用"外部接口"来描述由其他系统提供的接口，那么在讨论接口时就会产生混淆。定义一个独立的受控词汇表，让实现团队与之保持一致，将使这种混淆最小化。

我们也可以将 OWL 用于其他企业架构建模任务。我使用它定义了一个企业模型，该模型捕获了由网络监控工具报告的已部署系统的细节，并将这些信息链接到最初使用 UML 定义的企业架构。我从原始的建模工具中导出 UML 模型并将其转换为 OWL，然后导入从网络监控工具中获得的数据。其结果是一个将 as-is 和参考架构元素链接起来的全面的企业模型，从而生成企业当前状态的精确图像。因为我在 OWL

中定义了架构,所以那些使用标准现成的机器推理引擎的人可以在几秒钟内评估整个模型以确保与参考架构的一致性。这个配置也使我们可以确定在企业中部署了多少给定软件包的实例,多少系统公开了 Web 接口,同时让我们可以轻易地完成其他项目组合管理任务。

6.2.2 建模工具

除了选择建模语言,你还必须选择建模工具。在任何语言中,试图手工创建正式的架构模型都是极其困难的,特别是对于图形化语言(如 UML 和 SysML)。不论你是先选择一种建模语言然后选择支持该语言的工具,还是先选择一种工具然后选择该工具支持的语言,都不重要。重要的是选择一种正式语言和支持它的工具。

在大多数情况下,商业建模工具都对给定语言具有相同级别的支持。所有支持 SysML 的工具都支持完整的 SysML 规范。工具的不同之处在于它们的易用性和额外特性。其中一些工具使你可以轻松地创建所选择的建模语言的定制概要文件,另一些工具则要求你使用文本(XML 等符号)写出你的概要文件。一些工具包括高级分析功能,例如运行系统设计模拟的功能。当一个企业架构不应该包括单个系统的足够细节以使模型可执行时,企业可能想采用一个通用的工具以供所有架构工作使用。在这种情况下,在选择建模工具时对模拟的支持可能是一个重要的考虑因素。

除了商业建模工具，还有许多开源的建模工具可用。像它们的商业对手一样，许多开源工具对它们所选择的语言有很好的支持，并基于其他特性来区分它们。此外，像许多其他开源软件项目一样，建模工具在成熟度和功能集的完整性方面也各不相同。我使用过许多开源建模工具，它们都有很好的效果，而且其中很多都有很好的功能。

无论你选择哪种建模工具，最好选择一种完全支持所选建模语言和行业标准模型导入导出格式的工具。最常见的模型交换标准是 XMI，它支持 UML 和 SysML。其他模型交换格式也可用。例如，支持美国国防部架构框架（DoDAF）和英国国防部架构框架（MoDAF）的工具通常支持作为 DoDAF 和 MoDAF 统一概要（UPDM）的一部分定义的物理交换规范（PES）。选择一个支持常用模型交换格式的建模工具将使你能够灵活地更改建模工具，而不必重新构建所有模型。

6.2.3 模型尺寸

在选择了建模语言和建模工具之后，你将面临一些更实际的考虑。其中一个需要考虑的关键因素是模型尺寸。除非你只是在为一个非常小的企业建模，那么你的企业建模结果将是一个单一的、包罗万象的模型，这个模型将会是一个难以维护的、大型的、笨拙的模型。这样的模型会使企业架构团队的不同成员之间难以进行工作拆分，因为大多数模型开发工具无法支持多人同时编辑单个模型。将企业架构划分为许多更小的模型可以缓解这个问题，同时也使你能够更方便地组织信息,让查找内容更加便捷。

将架构划分为多个模型并不意味着将其划分为多个文件或多个数据存储库——这种划分会使不同模式之间的联系难以保持一致。划分企业架构意味着在同一个企业架构存储库中创建多个链接的模型。最终的结果是一个"模型的模型",其中没有一个模型能够描述企业架构中的所有内容,但是模型的不同组合表示了架构的不同方面,并提供了足够的细节来支持合理的决策。

传统的架构框架将模型划分为以描述架构的各个方面为中心的组。这些模型组被称为"视点""透视图",或一个类似的描述性术语。按照这些思路来考虑你的企业架构并没有错,但是你不应该对如何划分架构这一概念感到束缚。你可以很容易地按照业务线(销售、制造等)划分你的模型。实际上,你可能需要许多不同的表示来满足不同涉众的需求。与集成工程师或系统管理员相比,高级管理者希望了解不同的分组和详细信息。

将你的模型划分为更小的、更易于管理的模型有助于模型的可维护性和定制视图的能力。精简一个大模型来生成一个自定义视图通常比将几个较小的、精心选择的模型组合到一个大视图中需要更多的工作。顺便说一句,这是在架构中使用模型而不是图的另一个重要原因。将大量图片组合成一个大图片需要进行大量的手工工作,使得大图片包含原始图片中的所有元素,并确保没有遗漏任何内容。但是我们只需一个简单的查询就可以从一个模型中检索这些信息,并且大多数建模工具都允许你设计一个精确描述模型元素的图表。

不过，这并不能告诉你每个模型应该有多大。与企业架构中的其他许多方面一样，决策将主要是一个判断问题。我的建议是使你的模型尽可能小，同时在同一个模型中保留密切相关的项。如果可以合理地将模型划分为大致包含几十个元素的模块，那你不会希望每个模型包含几百个元素。另一方面，你也不希望跟踪数百个只有几个元素的模型。

一个好的方法是将数据模型划分为逻辑组件（产品规格、订购和实现，或与你的业务领域非常匹配的其他分组），而不是使用一个包含所有内容的数据模型。你创建的用于建模企业数据字典的本体可以维护数据元素之间的链接，你还可以通过类似的方式在其他类型的模型之间建立链接。每个模块的大小及其内容会因企业的不同而不同，不同的建模工具会有不同的实用程序来帮助决定如何划分你的模型。

6.3 变更控制

在管理企业架构时，管理变更控制是你将面临的最重要的考虑因素之一。管理变更控制的难度与企业架构团队的人数以及使用企业架构的人数直接相关。当团队中有很多人时，进行冲突性更改的可能性会显著增加，并且使用架构的人越多，希望更改架构以使自己的任务更容易的人就越多。带有定期备份的适当版本控制系统是任何代码开发系统的基本特性，而你的架构实际上只是源代码的一种形式。

大多数好的建模工具都有一些变更控制的方法，特别是当它们允许对同一模型进行并发编辑时。例如，一些工具需要架构师在进行更改之前锁定一个模型，以确保两个人不能同时在同一个模型中进行更改。其他工具使用版本控制系统（比如 Git），用户必须在做任何更改之前签出架构，而做更改的人必须在其他人看到这些更改之前签回架构。

虽然对变更管理的工具支持是一个可取的特性，但是不要依赖那些工具特性作为变更控制的主要手段。这些特性可以防止架构的意外更改，但是它们不能确保所有的利益相关者都对变更进行了深思熟虑和适当的审查。没有什么可以替代正式的变更管理过程。

正式的变更管理过程不需要重量级的、密集的会议。它所需要的是文档化和发布，以便所有的涉众了解如何对架构提出变更、架构团队如何评估这些变更，以及谁决定接受哪些变更，不接受哪些变更。一个管理架构变更的最简单的方法是通过缺陷报告流程的类型来管理，这是许多系统开发工作所使用的一个方法。许多可用的商业或者开源的变更管理工具大多都支持某种程度的工作流定制，允许你定制工具以满足企业的需要。这样的工具让使用该工具管理整个变更控制过程变得可行，消除了召开会议讨论提议的变更的必要性。你仍然可以举行这样的会议，当架构团队拒绝提议的更改时，面对面的会议可能有助于防止情绪过高。同样值得记住的是，在大型产品上，面对面地就提议的变更进行协作通常有助于确保考虑到提议的变更的所有影响。

不管你是使用变更管理工具还是简单的电子表格，也不管你是通过电子邮件还是当面讨论提议的变更，对这些变更保持书面记录是很重要的。当试图确定架构演化为当前形式的原因时，变更建议的书面记录及其处置是非常宝贵的，正式的变更控制过程有助于确保对演化进行了仔细的考虑。你的企业架构将会发生变化，但是不应该经常发生根本性的变化。架构变更的速度取决于你，以便为系统实现者和企业提供大量的时间来适应。

6.4　总结

企业架构的实践需要改变的原因之一是，系统开发的实践过程在过去 30 年中发生了根本的变化。在 15 年前，开发一个新系统意味着从头开始创建库和实用程序，因为它们基于新技术或者它们使用的算法还没有完全建立。如今，实现新系统所需的大多数组件都可以从许多预先打包的库或商业工具中获得。开发者需要从零设计的东西很少，因此很少需要从非常抽象的级别开始并分解为实现级别的细节的企业架构。

企业是一个不断进化的生态系统，企业中的系统相互独立地变化，业务需求定期变化，人们发现新的更有效的方法来完成他们的任务。也就是说，企业是一个复杂的适应性系统。试图从上到下建立任何动态企业的模型都是一种失败的主张：因为企业的变化速度往往比架构师更新模型的速度快。

我们可以通过将架构视为一种短暂的事物来解决这个问题。企业架构师应该建立一个简单的参考架构,由那些应该持续一年或更长时间的元素组成,比如受控词汇表、描述合法强制任务的过程模型,以及类似的稳定构件等。架构师应该根据特定目的来创建其他构件,并将它们用于该目的,最后将它们丢弃。

架构师应该开发一个客观的或者 to-be 架构,作为解决特定企业问题的手段。例如,当计时系统不能与工资单系统相关联时。to-be 架构应该尽可能基于最新的 as-is 架构,捕获 as-is 架构的最佳方法是查看网络上存在的系统的结构和配置。在大多数企业中,用于保护免受网络威胁的相同工具会生成准确的、最新的 as-is 架构图片所需的数据。一旦企业架构师决定了要做哪些更改来解决当前的问题,架构师就可以放弃这些架构。当需要解决下一个问题时,架构师可以创建新的 as-is 架构和新的 to-be 架构,用来描述可以解决问题的这个变更。

无论架构团队如何创建模型,都必须使用正式的建模语言对它们进行文档化,以支持自动化分析和一致性检查。有许多这样的建模语言可用,包括 UML、SysML 和 BPMN。当选择一种语言时,架构师应该选择一种与框架无关的语言,以确保架构团队有足够的灵活性来根据企业的需要而不是工具开发者的预想对企业建模。架构师还应该考虑使用专门的建模语言(如 OWL)来创建支持模型(如数据字典)。

仅仅选择一种建模语言是不够的,架构师还必须拥有适当的建模工具。在没有工具的帮助下，用正式语言记录架构几乎是一项不可能的工作。大多数商业和开源工具都支持一组通用建模语言，并且大多数都包含帮助架构团队最大限度地利用他们创建的详细模型的分析工具。不同的工具有不同的特性。在选择工具时，很重要的一点是要确保该工具支持标准化的模型导入导出格式，以方便与开发团队共享架构，并防止供应商锁定。

创建一个单一的、包含所有内容的架构模型，并将其生成一个构件，是无法被理解和分析的。因为对于架构团队之外的任何人来说，这个构件都太大。最好将架构分解为相互链接的更小的模型。这将保持单个模型处于可管理的尺寸，同时仍然支持对整个架构的分析。控制对每个模型和整个架构的更改对于确保架构的一致性和可预测性至关重要。

第 7 章

可衡量的重要性

在前面的章节中，我强调了将企业架构从静态文档和图表的集合，转换为高级领导层可以用来引导企业实现其目标的操作工具的必要性。在此之前，我们已经讨论了清晰定义企业架构并使用正式模型对其进行文档化的需要，但这还不足以自动使你的架构成为可用的管理工具。要使架构成为一个真正的工具，你必须能够衡量它对企业的影响。如果不能衡量效果，你就无法知道自己的任何行为是否对企业产生了影响。衡量这些效果的关键是监视你的企业并将其与你的架构进行比较。

所有的企业实际上都已经实现了某种形式的监控。例如，每个企业都会跟踪销售、收入、利润和其他财务指标。销售数据是企业是否达到提高整体销售的目标的明显指标，但是财务指标却不能告诉管理者企业架构工作的有效性。它们无法透露其他目标的任何信息，例如企业系统抵御外部入侵的安全性，系统是否符合企业策略，系统开发团队是否符合企业参考架构，或者高级领导层感兴趣的许多其他指标。要真正了解企业，企业需要更全面的监视功能。

企业监控能力的要素可以从企业目标中推论出来。这就是为什么定义企业目标是我在该架构框架中讨论的第一件事，也是为什么我强调建立可衡量的目标的原因。为每个可度量目标定义的度量标准决定了企业需要什么样的监视能力来度量实现目标的进展。

监视系统实现对与企业架构约束的一致性（例如使用已建立的受控词汇表来描述系统功能）的工作相对容易。实现团队开发的模型可以与企业架构模型进行比较，并检查其遵从性。两者都被定义为模型，这使得比较工作很容易实现。监视企业及其系统的操作是一项更复杂的工作，需要在运行时观察系统和业务流程，从观察中捕获相关的衡量标准，并将这些衡量标准与企业目标进行比较。

乍一看，这是一项非常复杂的工作。但是这就是你在定义架构模型中投入的工作获得收益的地方。一旦你设计了适当的衡量标准，将架构捕获为正式的模型，比较企业的计划状态（例如架构）和实际状态（例如涌现行为）会变得很容易。将这些衡量标准与架构模型进行比较是一项简单的数据分析任务，关键在于获取正确的衡量标准。我是在从事一个项目多年之后才了解到这一点的。在这个项目中，我们试图通过比较各个系统的架构构件和参考架构来评估企业的状态，以便理解不同系统存储了哪些数据。数据分析任务花了我和三个高级工程师超过六个星期的时间，只是为了了解一个精心挑选的任务活动子集。随后，我们修改了流程，使用 OWL 模型定义了参考架构，然后捕获了流入和流出各个系统的数据。识别存储在系统中的数据变成了查询模型以查看从每个系统流出的数据的简单问题。这个任务并没有花高级工程师几周的时间，而是只用了几分钟。

把通过手动过程收集衡量标准的想法放在一边。要求小组报告他们的活动会分散他们执行这些活动的注意力，而要求实现团队报告他们的活动同样会将资源从他们的主要目的转移到次要的活动中。回想一下，企业架构工作的目的是帮助企业实现其业务目标。将繁重的报告需求强加于企业其他部分的企业架构工作，是在将资源从企业目标中转移出去。更重要的是，手工报告常常是不准确和不完整的。如果你可以在合理的时间内获得更准确的数据，那么基于不准确的数据来做重要的决策就不是一个好主意。

如果你希望在不增加新负担的情况下收集关于企业的衡量标准，很明显我们需要用一些自动收集衡量标准的方法。仅为企业架构工作开发专用的企业监视功能将是一项庞大的工作，并可能引入不必要的额外成本和任务。然而，大多数大型企业已经收集了它们需要了解企业行为的大量信息。我们通常可以利用这些信息来帮助理解企业是如何朝着实现其目标的方向前进的。

日益增长的网络犯罪威胁迫使每个企业更希望了解其系统的行为。这直接导致了一个连续监测和报告工具的市场在不断地健壮地发展，这些工具旨在帮助企业识别网络上运行着什么样的系统和软件、每个系统流入的数据、用户如何进行行为动作，以及其他不寻常的活动的重要指标。这些指标可以表明企业是否有安全漏洞风险或是否受到网络攻击。虽然这种监控旨在帮助系统和网络管理员抵御网络威胁，但它也可以用来帮助企业领导层了解企业的行为。

网络监控工具收集的信息包括网络上的设备、安装在这些设备上的软件、这些设备暴露在网络上的端口和协议，以及从这些设备传输的数据。虽然网络安全专家使用这些信息来识别企业网络防御中的潜在弱点，但企业架构师也可以使用这些信息来了解企业的当前状态。了解网络上可用的软件和接口可以洞察企业可用的功能，还可以识别可以测试的方面，以确保符合企业架构约束。

除了网络监控工具提供的信息外，大多数系统还生成日志，记录用户访问过某个系统、从该系统上传或下载的数据以及其他相关因素。该日志信息可以与网络监控工具提供的信息相结合，从而揭示关于企业状态以及企业内系统和参与者的行为的大量信息。可以使用各种通用的业务智能和数据分析工具对这些组合的信息进行分析，以生成对企业的近乎实时的了解，而手动报告技术是不可能做到这一点的。

7.1 测试

传统的企业架构和系统开发技术从系统设计开始,并创建用来验证系统是否符合设计的测试。这些测试是与系统需求定义一起开发的,并用于验证系统是否符合原始规格说明。开发的附加测试与在系统的构造和设计期间开发的用例保持一致,并且这些测试用于验证生成的系统是否满足用户的需求。一旦一个系统通过这些测试,它就被认为适合部署和投入使用。

当开发团队使用瀑布式开发方法时,这种类型的开发和测试工作得相当好。甚至在使用敏捷开发技术实现系统时,它也能工作得相当好。但是,随着软件开发的实践变得越来越动态,这种一次性测试已经过时了。诸如 DevOps 这样的开发方法已经出现,以满足当今动态业务环境的需求,在这种环境中,工作需要在几天内而不是几周内演进。等待开发详细的验证和验证计划会引入不可接受的延迟,这可能会阻止企业足够快地适应变化的条件以保持竞争力。

如果企业继续依赖于一种过时的测试方法,这种方法会降低企业适应不断变化的条件的能力,那么用一种更轻量级和响应性更强的实践来替换过时的企业架构方法将是不够的。除了采用一种新的企业架构方法外,我们还必须采用一种新的测试方法,该方法着重于加强企业约束,并确保系统能够促进企业实现其目标的能力。企业测试应该关注两件事:测试驱动的开发和操作系统的周期性测试。

7.1.1 测试驱动开发

测试驱动开发不是一种新技术，但在我所提倡的企业架构方法中，它成为评估一致性的一个关键组件。测试驱动开发的想法很简单：在开发之前给开发人员提供他们的系统必须通过的测试，这样他们就可以构建专门通过这些测试的系统。将此应用到企业架构意味着编写测试来验证与企业约束的一致性，作为强制执行这些约束的主要手段。

有些系统可能不需要遵守某些约束。例如，如果你建立了企业中的所有系统都必须使用"度-分-秒"格式编码位置信息的约束，那么该约束将不适用于不处理位置数据的系统（如工资单系统）。如果你的企业有大量这样的情况，则可能表明特定的约束不是合适的企业约束。但是对于那些你已经确定的合适的企业约束，你应该考虑在一个系统不符合这个企业约束时如何解决这种情况，这样当你管理大量系统特定的测试计划时不用返工。

绝大多数的约束将应用于企业中的所有系统，因此测试可以被建立为一个最小的过程，所有新的系统开发工作都必须通过这个过程来确保与企业架构的一致性。这些测试应该是自动化测试，或者可执行的测试用例、自动化测试脚本，或者一些不需要人工执行测试的可比测试方法。我们的目标是让所有系统使用完全相同的自动化测试，因为人类可能会犯错误，或者每次执行测试都略有不同，这使得确保一致性变得困难。测试驱动开发的目标是确保在测试时，系统毫无偏差地符合企业架构中建立的约束。

虽然向开发人员提供这些测试是为了确保生成的系统符合企业架构约束,但这不是测试的唯一用途。现实中现代软件系统不是静态的。它们会定期打补丁和更新,以解决在测试中没有发现的安全漏洞或错误。这些变化对原有系统的功能有直接的影响。系统配置设置的更改或系统运行环境的更改也可能对系统的功能产生影响。新产生的影响会让系统不符合企业架构的约束。为了验证系统在不断更新的情况下仍然符合企业架构约束,我们应该在已部署的系统上定期运行这些测试。你可能不希望过于频繁地运行它们,频繁运行测试会对系统性能带来一定的负担,从而影响用户使用体验,但是为了保持一致性,持续的定期测试是必要的。当组件发生更新时,定期测试也可以用于加速回归测试。由于企业软件生态系统是一个复杂的系统,很难预测升级哪怕一个软件模块的所有影响,因此能够在更新后快速测试企业是一个显著的风险缓解。

企业中的所有系统都应该符合企业架构中详细描述的约束,并且应该在开发和批准过程中验证这种一致性。但是,这并不能保证所有系统都遵循规定的测试过程。每个企业都有通过企业审批的制度,只要系统能顺利通过审批,就能够偷偷运行。手动数据报告中很少会体现这些工具,因为操作和维护这些工具的人从自己的利益出发,是要隐瞒下来的。这些系统有意地避免了企业架构约束,因此它们很有可能是不一致的。通过使用网络扫描工具来识别网络上的系统,可以消除此类系统避免被检测的可能性。一旦检测到它们,就可以测试它们是否符合企业约束,就像每一个被批准的系统一样,帮助确保整个企业的一致性。

7.1.2 运行测试

运行测试通常是系统开发生命周期中测试的最后一个阶段。对于为政府和军事用途开发的系统来说，这种情况尤其普遍。在常规的运行测试中，预期的用户通过一系列设计的场景来验证系统功能，并确保系统满足用户的需求。一旦系统通过了运行测试，它就被部署用于操作使用。当开发，部署和运行系统时，只有很少的更新经历了整个开发和测试周期，此流程才有意义。现代代码开发实践的现实使得这种过时的操作测试方式变得无效，而现代化的时机已成熟。

在应用程序代码经常更新（在极端情况下甚至每天更新多次）的环境中，单个运行测试周期不比让医生根据前一周的症状对患者进行治疗更有意义。正如病人的病情会随着时间的推移而恶化或改善，一个特定系统对其预期用途的适应性也会随着时间的推移而变化。要在今天的环境中有效，我们必须停止将运行测试视为一次性事件，而开始将其视为系统操作和维护的持续功能。

运行测试比一致性测试更主观。一致性测试是关于系统是否满足定义的约束条件的问题，而运行测试则是基于人类用户关于被测试的系统是否满足他们的需求的意见。意见自然会因用户的不同而不同，并且可能在某种程度上取决于个别用户的能力和偏好。适合于专家用户的工具可能对新手来说是不可用的，或者为初学者设计的用户友好的工具可能会使有经验的用户不方便执行复杂的任务。

一个系统是否满足特定的需求还可能取决于在使用该系统时应用的特定环境。环境因素、可用数据、任务需求和许多其他因素会影响系统是否适合手头的任务。这些东西都是不断变化的，期望一个系统在一种情况下非常适合在不同的情况下使用是一种过于乐观的看法，也是无法用经验证明的。例如，为用户基数小的封闭、安全的研究网络而设计的电子邮件系统可能不需要防御网络钓鱼之类的攻击。但是，如果研究网络向更多的用户开放，或者连接到开放的互联网，这种系统可能就不再适用了。因为在开放的互联网上，此类攻击很常见。

假设为一组外部因素设计的系统仍然适用于另一组外部因素，这对系统设计开发者来说是很大的鼓舞。虽然系统在某种程度上仍有可能可用，但几乎可以肯定的是，系统将不太像适合它的最初预期用途那样适合它的新用途。在系统最初部署时所做的运行测试，在一年之后，或者在一个非常动态的环境中6个月之后，这个运行测试不再能反映系统的可用性。

基于前面这些原因，运行测试必须是一个不断进行的过程，永远不会真正结束。在某种程度上，你可以通过查看系统被使用的频率以及由谁使用来衡量系统的运行效用。可以合理地得出这样的结论：任何经常被大型社区使用的系统都适合于某些运行任务，并且这么做对企业很重要。然而，与此相反的说法是不正确的——一个系统不经常被使用或者只被一个小的社区使用的事实并不意味着这个系统不重要或者不适合它的任务。例如，每家银行都有警报系统。仅仅因为警报系统很少使用就认为它不重要是愚蠢的。通过使用频率来判断一个系统的运行效用是一种获得反馈的非侵入性方法，因为你不必使用户从他们的实际工作中分心，来询问关于他们正在使用的工具的问题，就可以获得这些信息。

使用频率是运行效用的一个合理的参数，但是你不应该依赖它作为唯一的衡量。从系统或功能的实际用户那里获得反馈是不可替代的。有可能一个系统在执行其预期功能方面很糟糕，人们使用它仅仅是因为它是唯一的选择。这类信息只能通过直接询问人类用户来收集。有时候，没有非侵入性的方法来获得关于系统运行效用的反馈。只是你需要记住，给你反馈并不是别人的主要工作，花在反馈上的时间并没有花在实现企业目标上。保持你的信息要求简明扼要是避免不必要干扰的最好方法。

还要记住，当你获得反馈时，从正确的用户组获得反馈是非常重要的。当我们想到"用户"时，我们通常会想到使用系统图形用户接口的人，我们认为获得他们的反馈很重要，但还有些用户是其他系统和功能的开发者。考虑一个企业身份验证服务的情况，开发者使用该服务来保护他们开发的服务和功能。这种身份验证服务对大多数终端用户是不可见的——他们所能看到的只是他们是否能够登录。必须使用身份验证服务提供的接口的开发者可能对该服务的可用性和有效性有非常不同的看法。

7.2 持续的监控

在前面,我简要地提到,大多数企业将某种形式的持续监控作为其网络防御计划的一部分,并且可以利用这种监控来支持持续测试。然而,企业架构师还可以从持续监控中获得许多其他好处,详细地讨论这些好处是很有用的。

多年来,直接查询网络上的每个系统以发现其功能并了解其结构的想法一直是一个未实现的梦想,主要的问题是如何进行扫描。在过去,从中心位置进行扫描有许多困难,导致远程监控被拒绝:防火墙阻止对系统的访问;系统只会在它们监听的端口上响应正确格式的请求;任何通过扫描获得的信息看起来都像是黑客的企图。但是日益增长的网络犯罪威胁已经推动了大多数企业运营网络的方式的变化,我们可以利用这种变化来改进企业架构的实践。

大多数企业使用网络监控工具,在连接到网络的每个设备上安装一个代理,该代理收集信息并定期向监控服务器报告。非常大的企业可能在不同的位置有许多这样的服务器,这些服务器将它们的信息聚合到一个中央企业服务器,该服务器提供了企业网络状况的完整描述。网络和系统管理团队使用这些信息进行入侵检测、内部威胁检测和补丁管理。企业架构师可以使用为网络防御收集的相同信息来改进企业系统的规划和操作。

在继续本章的内容之前,我想根据我所学到的一些痛苦的教训补充一点警告。当你要求系统或网络管理员从他们的网络监控工具访问数据时，很可能会遇到阻力和怀疑。网络监控代理收集的数据揭示了大量关于网络系统安全措施和弱点的信息，这些是网络管理员非常不愿意分享的也非常敏感的信息。这些信息有可能包含敏感的个人信息或公司专有信息，需要小心保护。这种情况在政府环境中尤其突出，因为机构间的竞争使人们不敢暴露自己的任何缺点。我从惨痛的教训中认识到，要求别人提供网络数据可能会立即遭到抵制，还会有人断言，所请求的数据太过敏感，无法分享。需要强调的是，企业架构所需的信息是无威胁数据。对于企业架构的使用，你实际上并不关心个别系统的漏洞或特定软件的补丁状态。有一种对数据的描述并没有引起太多关注，那就是"网络遥测数据"这个术语。这可能并不适用于所有受众，但在请求访问此数据时，应该记住这些潜在的敏感问题。你呈现的是对网络数据的一种新用法，必须向受影响的利益相关者仔细解释一个新概念。这些利益相关者不仅想要确切地了解你想从他们那里得到什么数据，他们也会想知道分享这些信息对他们有什么好处。简而言之，当他们问："这对我有什么好处？"你应该要有一个好的答案。

网络监控人员收集的数据有许多可能的用途，毫无疑问，你会想到比我在这里讨论的更多的用途。但是，我认为有四个方面是所有企业架构师特别感兴趣的，并且值得简要讨论。它们是项目组合管理、策略遵从、理解企业能力和数据流监控。

7.2.1 项目组合管理

项目组合管理是对你试图控制的一组事情的一种理解和决策能力。在企业架构的情景下,项目组合管理主要关注于理解和优化企业使用的收集系统。

项目组合管理的第一条规则是,你不能管理你不理解的内容。在小型企业中,首席信息官或其他负责任的主管很有可能对网络上有哪些系统以及整个企业安装了哪些软件有良好的记录,而许多中型企业和所有大型企业的情况则大不相同。拥有多个业务单元或成本中心的企业通常有许多独立的系统开发工作,软件采购在每个单元中进行,几乎没有中心协调或控制。如果企业是通过合并两家或两家以上现有企业而成长起来的,这个问题往往会加剧,因为每一个原来的企业都有自己的管理系统,而整合管理系统可能比合并组织困难得多。

因此,大多数大型企业在企业层次上并不真正了解他们的网络中有什么。个别业务单位可能知道,本地网络管理员可能也知道,但这并不意味着企业知道。获取该信息并将其报告给企业通常是一个手工过程,本地管理员和管理者通常将其视为一种从实际工作中的分心。因此,当高级领导询问关于企业中运行的系统的信息时,报告通常是敷衍的,并且只回答请求中的问题。更重要的是,信息经常是不准确的或过时的,尤其是从系统架构产品派生的信息。正如前面所讨论的,架构在与实现团队的第一次接触中无法幸存下来,因此架构中描述的内容可能不能反映网络上实际操作的内容。

网络监控工具收集的数据很好地解决了这个问题，因为它不依靠过时的设计产物，而基于对网络上实时存在的东西的自动发现。网络监控工具通常基于主机，并将报告所有给定主机上安装的软件、软件的版本号、IP地址的主机、主机打开的端口，以及由系统管理员配置的其他信息（通常由企业指定的政策）。大多数网络监控功能将包括收集一些系统日志，这些日志将收集有关使用系统的人、进出系统的数据，以及与这个系统相连的其他系统的信息。这些信息提供了企业中有什么、连接到网络的是什么系统，以及系统如何交互的最新情况描述。换句话说，这些工具提供了企业原有架构的准确描述。在许多情况下，我们可以解析这些信息并将其加载到架构工具中，以支持与企业参考架构的快速比较。

与发出传统请求相比，使用网络信息记录企业的as-is架构有两个主要优点。第一，它不要求任何人创建报告发送给高级管理者。由于信息已经在中央服务器中收集，所以可以在不增加网络管理员工作负载的情况下进行查询。第二，提供的信息将是最新的和完全准确的。它是安装在每个系统上的网络代理所报告的信息。没有解释，没有无意的遗漏，也没有隐藏。如果认为你的企业系统中不存在没有经过标准审查和批准过程的"盗版"系统，那就太天真了。但这些系统存在的原因是多方面的，大部分系统都是好的。在某些情况下，它们被开发和维护是因为企业领导层没有对小型但重要的用户社区的需求做出响应。在这些情况下，即时的业务需求需要生成比标准评审过程所能支持的更快的响应。例如，在 2001 年 9 月 11 日的恐怖袭击之后，一些情报分析系统迅速发展并投入使用，特派团的需要如此迫切，以致标准审查周期常常被取消。网络监控数据将揭示那些尚未通过审核过程的系统，而外围系统将向领导层表明有一些重要的企业需求被忽略掉了。

网络监控还可以通过揭示企业中部署的所有软件来帮助项目组合管理任务。当企业希望通过购买常用软件的企业许可证来节省资金时，了解该软件的使用情况是非常重要的。为一个用户基数有限的单一系统使用的知名软件包购买企业许可证可能不会带来预期的节省，而为跨多个系统安装的不太知名的软件包购买企业许可证可能会带来可观的节省。只有企业领导层了解了企业的真实状态，才能根据事实而不是假设做出决策。

7.2.2 政策合规

确保企业遵守适用的政策（如法律和法规）以及企业内部的系统遵守企业政策，是任何组织的一项重要活动。不幸的是，合规性评估常常需要劳动密集型的手工数据收集和分析工作。一些合规工作很容易实现自动化，例如验证员工在每天下班时是否完成电子考勤打卡。工资单系统可以配置为自动检查员工是否这样做。但是又该如何检查工资单系统是否使用了正确的病毒保护软件，或者是否使用了企业授权的身份验证系统呢？

你们的网络监控系统正在收集执行这些评估所需要的

大量数据。评估企业中的每个系统是否都在使用已批准的软件包版本是一项简单的任务，网络监控软件可能已经报告了这些信息。但是系统还收集其他信息，这些信息可以用于更详细的评估，以揭示企业策略的其他方面是否符合（或不符合）。

考虑一个简单的案例，某企业有一个策略，即所有系统必须具有企业内其他系统可访问的公共接口。网络代理会扫描每个系统，除了报告系统正在运行的软件，它们通常还会报告监听它们的进程的端口。企业中没有开放端口的每一个系统显然都没有公共可用接口，因此不符合企业策略。

大多数情况可能不那么直接，网络扫描功能可能不会给出明确的答案。但它将提供线索，让管理者可以跟进核实合规情况。更重要的是，这些线索将是具体的，使管理者能够准确地关注那些可能存在问题的领域。接口规范一致性就是一个例子。在某些领域中，通过改进系统的模块化，跨系统的通用性可以使企业受益。例如，使用地理空间产品（如地图）的系统通常使用符合开放地理空间联盟（OGC）发布的规范的接口。通过使用符合 OGC 规范的服务，系统可以使用来自不同供应商的可视化工具，而不必在后端系统上重新设计服务接口。用一个可视化组件替换另一个可视化组件是配置问题，而不是编码问题，因为所有组件都使用相同的接口规范。当网络扫描显示了提供地理空间信息的系统上的开放端口时，你就知道这可能是前面描述的定期测试的目标。系统很可能会有一些不符合 OGC 的接口，因为它们有其他用途，但至少现在你有了一个可以开始测试的事实基础。

另一个有用的指标是某些系统上是否存在特定的软件包。在许多组织中，尤其是政府中，越来越需要使数据集更容易获得。这通常是通过指导系统所有者在一个公开可用的注册中心（例如美国的 Data.gov⊖，或者是欧盟的 Open Data Portal⊖）发布数据资产，但是你如何知道所有的数据资产已经注册？查看每个系统上安装了什么软件的信息将提供一些线索。如果一个系统正在运行数据库软件，如 Oracle 或 PostgreSQL，可以合理地推断该系统正在管理大量的数据。如果系统在数据注册表中没有数据，这就表明应该进一步调查系统，以确定是否应该注册数据（有些数据库可能用于纯内部功能，如管理用户首选项）。

用于网络防御的监视工具提供的信息不会透露你想知道的关于系统是否符合企业策略的所有信息，但它将提供一些重要的线索，帮助你集中精力工作。不用询问每个组织是否使用了企业认可的特定软件包版本，你可以从网络监控工具中收集信息，并将精力集中在确定某些程序不符合要求的原因以及是否存在不符合要求的操作。

7.2.3 企业的能力

随着系统开发和演化变得更加动态，任何企业都越来越

⊖ 可以在 www.data.gov 上搜索美国政府公开数据。
⊖ 可以在 https://data.europa.eu/euodp/en/data/ 上搜索欧盟开放数据平台。

难以理解其真正拥有的全部能力。为进行地理空间分析而设计的系统还可能包括适合对其他类型数据进行编码的能力。用于分析应用程序日志的工具也可以用于分析其他来源的文本数据。由于系统通常针对特定的用途而开发，因此对其能力的描述往往针对预期的用户群体进行定制。其他阅读描述的人可能没有意识到系统实际上有一个更通用的能力，可以用于"标签外"的目的。企业可能不会完全欣赏现有工具和系统提供的全部能力。

正如网络监控工具可以显示整个企业使用的所有软件一样，它们也可以帮助显示企业可用的能力范围。唯一的问题是网络监控工具无法跟踪能力，它们只能跟踪软件和系统。理解系统提供的能力需要一些补充信息。

幸运的是，我们可以很容易从系统的架构文档中获得需要的信息。无论使用哪种系统架构框架，架构框架的目的都是设计如何构建最终的系统以提供一些可定义的能力。此外，系统测试计划应该确定系统可以执行的一些特定任务，因为这些是最需要测试的事情。通过将从网络监控工具收集的信息与系统架构文档联系起来，我们可以确定网络上的每个系统应该提供什么能力。这将带来在整个企业中展示重复能力的额外好处。例如，比较企业中所有系统提供的能力可能揭示出多个系统存储架构模型。这可以验证企业具有足够的备份和故障转移能力，也可以显示企业具有非预期的重复能力。无论是否有意重复，认识到重复对于有效的企业管理是重要的。

同样，对可用能力的评估可以揭示企业中的能力差距。如果发现企业中只安装了一个数据库，则可能表明没有数据库备份或故障转移能力。在分析过程中发现这种疏忽要比在危机期间发现要好得多。或者，试图改进其客户服务的企业可能决定实现客户资源管理系统。在做出购买新系统的决定之前，企业可以确定它有能力捕获客户联系信息和客户服务历史，并且只需要对这两种能力进行一些基本的集成，就可以满足客户资源管理的需求。

为了使这种比较具有实用性，企业需要做两件事情：作为正式模型捕获的系统架构和用于描述系统能力的受控词汇表。正如前面所讨论的，将系统架构捕获为正式的模型可以使模型之间以及与企业架构之间的比较变得容易。但是这种架构模型的比较不会产生有用的结果，除非架构在描述相同的能力时使用相同的术语。这就是为什么在企业架构中包含受控词汇表，并坚持系统架构符合这些词汇表如此重要。分析数百页的文档和几十个模型来尝试理解系统的能力是一个耗时且容易出错的过程。模型和受控词汇表的有效使用使自动化这个过程变得容易，并将大大降低错误率。

7.2.4 数据流

对于任何企业来说，更具挑战性的任务之一是真正理解数据如何在企业中流动、谁使用数据以及数据用于什么。这是企业识别涌现行为的关键领域之一。仅仅因为数据是为特定目的收集的，并不意味着这些数据对其他目的不重要。一个典型的例子就是前面讨论的网络监控数据。收集这些数据是为了改善企业的网络安全状况，但是，正如我们所看到的，它也可以用来理解和管理企业架构。

企业中的大多数系统都会生成日志文件，记录谁登录了系统、上传了什么数据或从系统下载了什么数据，以及类似的信息。此信息可用于了解数据如何在企业中流动，以及企业在何处使用数据。查看数据如何在系统之间流动可能揭示数据的意外使用。例如，考虑一家生产油漆和其他户外用涂料的企业。这样的企业自然会拥有一个天气监控系统，以帮助控制制造过程中温度和湿度的变化。检查企业中的数据流可能会发现，客户使用的产品订购系统正在从天气系统检索数据。这似乎是对天气数据的奇怪使用，但是在调查中，你可能会了解到订购系统要求在加密算法中使用准随机数，以确保客户订单的安全，并确定使用记录的湿度水平天气系统提供了足够的随机性，并节省了创建独立随机数生成器的费用。

虽然前面的示例有些琐碎，但它确实说明了这样一个概念，即数据经常以意想不到的方式被使用，从而使企业受益。我们还可以利用数据流信息的其他有价值的用途。一个例子是在广泛分布的企业中识别关键节点和通信通道。许多大型企业都在大量分布广泛的地点开展业务。了解这个广泛通信网络中的漏洞可能是困难的。如果托管工资单系统的数据中心断电，那么工资单系统将会宕机，这一点很容易理解。但是，我们很难知道其他系统是否受到了影响。

通过检查系统之间的数据流，有可能确定任何单一系统或通信路径丢失的潜在的二级和三级影响。如果工资系统出现故障，很明显，工资系统和连接到该工资系统的任何其他系统都将受到影响。但是，企业中可能还有其他系统没有直接连接到工资单系统，而是连接到独立的系统。这些是工资系统出现问题之后潜在的次要影响。

当对整个企业的数据流信息进行整理后，就可以将其加载到有向图中。这种结构可以轻松分析数据流信息并确定企业中最关键的系统（即与其他系统的连接最多的系统）和最关键的通信通道（即在它们之间流动的数据最多的系统）。

数据流信息有很多可能的用途，但是还有另外一个用途值得特别提及。无论是政府部门还是私营部门，各种规模的企业都越来越意识到内部威胁所带来的问题。备受瞩目的政府和企业间谍案件清楚地表明，在企业内部识别可能为恶意目的收集数据的可信参与者是一个主要问题。通过从系统日志中捕获数据流信息，可以构建反映企业正常操作的信息语料库。哪些系统通常彼此交换数据？不同系统之间通常的数据流量是多少？数据流是随时间变化还是以某种固定的模式变化？这些都是可以揭示企业生存模式的重要问题。理解整个企业的标准数据流可以识别不寻常的活动，这些活动可能表明存在问题。注意异常活动并不是问题的确凿证据，它可能只是代表不寻常的商业环境，例如人们加班完成一个意外的订单。但它至少会突出一个值得研究的领域，并帮助企业将资源集中在这些领域。

7.3 报告

如果从网络监控工具和系统日志中收集的信息不能被企业领导层理解和执行，那么收集的信息就没有多大用处。虽然企业中的许多高级管理者可能有工程背景，但他们目前的职责使冗长的企业监控信息解释变得不切实际，他们需要以一种他们既能理解又能联系到他们认为重要的事情——企业目标——的形式来总结信息。

传统上，状态报告是基于文档的，侧重于交付详细的多页报告或演示，这些报告或演示提供了材料的初步概述，然后是更详细的分解。这种方法有两个问题。第一，它假设报告的接收者有时间阅读它或坐着看完演示。高级管理者都很忙，在他们的日程表上安排时间是很困难的。第二，几乎在报告刚创建的时候，信息就已经过时了。创建报告需要时间，通常需要几天的准备时间，然后是几个审查周期。等到报告到达目标受众手中时，很可能至少要晚两周。第三，听众的资历越高，所获得的信息就会越古老和陈旧。基于过时的信息进行决策是一种糟糕的企业运营方式，尤其是考虑到当今环境的变化速度。

让高层领导能够获得这些信息的一个更好的方法是使用显示这些信息的近乎实时的仪表盘。网络监控和系统日志数据被收集和整理之后，最有效的存储方式就是存入数据库。一旦进入数据库，就可以对信息进行查询、分析，并以适合数据的任何格式展示，这些格式也可以被预期的决策者所理解。此外，数据库可以强制执行非常细粒度的访问控制，以确保不会将数据透露给那些没有必要访问该信息的人。

你可以使用许多现成的工具和库创建仪表板。商业和开源商业智能工具可以查询和分析各种格式和存储模式的数据。大多数此类产品提供许多类型的展示方式，包括饼状图、柱状图、散点图和许多其他类似数据可视化类型。此外，可以使用 JavaScript、Python 和 Perl 等脚本语言创建高度定制的展示。

开发仪表板显示的重要一点是，它们必须针对预期的用途进行定制。最好的方法是与每一个目标用户见面，找出他需要定期回答的问题。这些问题的范围可能从基本问题（例如"网络上有什么系统"）到更复杂的问题（例如"一个特定软件包有多少个不同版本在企业中运行"）。一旦你知道了要回答的重要问题，创建从收集的数据中检索信息的查询就很简单了。

可能需要反复试验才能确定哪种展示方式对每个问题最有效，而且可能不同的用户希望在不同的显示中看到相同的信息。实际上，除了创建一些候选展示并获得用户反馈之外，没有更简单的方法来解决这个问题。询问每个用户希望如何显示给定的数据集常常令人沮丧。许多用户不能告诉你他们想要什么样的数据显示，但是他们肯定能够告诉你他们不喜欢什么。向他们展示候选的展示是获得有用反馈的好方法，可以让他们知道哪些展示对每个用户都有帮助。

使用实时展示而不是静态报告的另一个好处是，用户可以与信息进行交互。大多数商业智能工具都能够深入数据，查看给定可视化背后的细节。根据给定可视化所使用的特定数据的性质及其存储方式，显示与第一次显示相关的其他数据可能很容易。例如，如果数据是使用图形数据结构（如资源描述框架或属性图）存储的，那么显示底层图形并允许用户从一个节点导航到另一个节点以查看数据元素之间的关系将非常容易。

最终，你的报告方法必须满足预期用户的需求，并且必须回答他们的重要问题。可以肯定的是，这些问题将与理解企业如何朝着其目标前进直接相关，因此从与这些目标相关的展示开始是一个很好的计划。

7.4 总结

衡量由企业的涌现行为产生的影响，是确定企业是否朝着在企业架构工作开始时定义的目标取得进展的最终方法。我们关注被评分的事物是人类的基本本性，因此人们将最关注企业正在被衡量和报告给高级管理层的那些方面。

自系统首次开发以来，测试一直是系统开发的一部分，但是在系统实现和集成之后进行测试的传统方法是需要假设存在一个单独的实现和集成周期。敏捷和 DevOps 等开发方法每隔几周或更频繁地交付新产品，测试几乎是一个持续的活动。继续将测试视为在开发周期结束时发生的一次性事件是一种过时的测试方法。

现代企业应该将系统测试作为开发周期的起点，重点在于定义那些判断系统如何融入整个企业的测试。这意味着要关注接口测试——内部功能的细节在企业架构的范围之外。通过从接口测试开始并采用测试驱动的开发策略，企业架构团队可以专注于驱动互操作性，而将实现细节留给实现团队。需要周期性地重新运行这些接口测试，以确保随着系统的发展，系统会继续遵循它们。

运行测试也被视为在开发周期结束时发生的事情。这个验证步骤通常被看作系统被广泛使用之前的最后批准。但是在业务需求变化和新行为不断出现的环境中，运行测试需要是一个连续的过程，以确保给定的系统或能力能够继续用于其预期目的。至少可以乐观地说，假设该系统在开发五年后仍然有用。

如果采用传统的测试方法，持续的测试和评估将是一个劳动密集型的过程。此外，由于难以理解用户如何与系统交互以及系统如何与其他系统交互，捕获和理解企业的涌现行为将更加耗费人力。大多数企业使用的网络监控工具收集了各种各样的数据，这些数据可以用来理解这些涌现行为，以及企业如何在不增加任何额外负担、分散员工正常工作注意力的情况下实现其目标。

网络监视工具能够提供的一个直接好处是可以应用在项目组合管理领域。在许多大型企业中，一个不幸的事实是，没有人真正知道网络上有什么系统,或者这些系统之间是如何关联的。网络监控工具已经在收集这些信息,但是大多数企业并没有使用它们来帮助理解企业的原始架构。

验证策略遵从性是企业架构团队可以使用网络监控工具来了解企业状态并指导其实现企业目标的另一个领域。网络监控工具通常会对策略遵从性进行一些验证,但大部分情况下关注的是确保系统补丁达到规定的级别。由网络监控工具收集的数据可能不能完全揭示单个系统遵守企业政策的程度,但是它们可以揭示一些线索,帮助企业架构团队将其工作集中在最有可能需要关注的领域。

网络监控工具还将帮助企业领导层了解整个企业可用的各种能力。通过揭示主机和软件在网络上运行的实际情况,网络监控工具可以了解企业中可用的所有能力,而不仅仅是那些在企业级别受到直接监督的能力。

企业架构团队可以监视的最重要的事情之一是进入、流出和通过企业的数据流。这些信息通常可以从网络监控工具和系统日志中获得。它不仅揭示信息在两个系统之间流动的位置,而且还揭示企业中哪些系统和通信渠道是最关键的。这些信息还可以揭示企业中任何给定系统或通信通道丢失可能导致的潜在的二级和三级效应——这些结论很难通过审查架构文档得出。

最后,所有这些信息必须以易于理解的格式提供给高级领导层,并需要做到几乎实时更新。陈旧的信息是做决策的不佳来源，将网络监控工具提供的信息与商业或开源商业智能工具提供的分析工具和可视化结合起来，创建用户友好的、最新的数据显示比生成传统的纸质报告或演示更容易。此类工具提供的数据可见性类型是帮助高级领导层了解企业当前状态及其实现目标的进展的关键。

附录 A 参考资料

下列作品并未涉及本书的各主题,但它们为本书的内容提供了有用的背景资料。

可以通过访问我的博客 http://jmcdowall.org/ 来查看有关本书主题的更多信息。我在攻读博士学位时,将论文记录在网上来跟踪研究进度,这使我保存了有关主题的连续在线日志。在写完这本书之后,我对如何构建系统架构有了很多其他的想法,因此我最近又重新开始在那些在线日志上记录这些想法。

企业架构框架

❑ "DODAF: DOD Architecture Framework Version 2.02:

DOD Deputy Chief Information Officer." US Department of Defense: Chief Information Officer. Accessed November 12, 2018. https://dodcio.defense.gov/Library/DoD-Architecture-Framework/dodaf20_background/.

- Open Group. *TOGAF*, version 9. Open Group. Last modified February 2, 2009. https://publications.opengroup.org/g091.

- Zachman, J. A. "A Framework for Information Systems Architecture." *IBM Systems Journal* 26, no. 3 (1987): 276–92.

企业架构实践

- Bloomberg, Jason. "Is Enterprise Architecture Completely Broken?" *Forbes*. Last modified July 11, 2014. www.forbes.com/sites/jasonbloomberg/2014/07/11/isenterprise-architecture-completely-broken/.

- Dang, Dinh Duong, and Samuli Pekkola. "Problems of Enterprise Architecture Adoption in the Public Sector: Root Causes and Some Solutions." In *Information Technology Governance in Public Organizations: Theory and Practice*, edited by Lazar Rusu and Gianluigi Viscusi, 177–98. Integrated Series in Information

Systems 38. Cham, Switzerland: Springer International Publishing, 2017.
- Hadar, Ethan, and Gabriel M. Silberman. "Agile Architecture Methodology: Long Term Strategy Interleaved with Short Term Tactics." In *Companion to the 23rd ACM SIGPLAN Conference on Object-Oriented Programming Systems Languages and Applications*, 641–52. New York: ACM, 2008. `https://dl.acm.org/citation.cfm?doid=1449814.1449816`.
- Welke, MaryAnn. "The Death of Enterprise Architecture?" LinkedIn. July 28, 2017. `www.linkedin.com/pulse/death-enterprise-architecture-maryann-welke/`.

建模语言

- "About the Business Process Model and Notation Specification Version 2.0." Object Management Group. January 2011. `www.omg.org/spec/BPMN/2.0/`.
- Friedenthal, Sanford, Alan Moore, and Rick Steiner. *A Practical Guide to SysML: The Systems Modeling Language.* (3rd ed.) Waltham, MA: Morgan Kaufmann, 2014.
- Jaakkola, Hannu, and Bernhard Thalheim. "Architecture-Driven Modelling Methodologies." In *Information Modelling and Knowledge Bases XXII, 20th European-*

Japanese Conference on Information Modelling and Knowledge Bases (EJC 2010), 97–116, Amsterdam, NL: IOS Press, 2010. `https://www.researchgate.net/publication/221014046_Architecture-Driven_Modelling_Methodologies`.

- Rumbaugh, James, Ivar Jacobson, and Grady Booch. *The Unified Modeling Language Reference Manual*, 2nd ed. Boston, MA: Pearson Higher Education, 2004.

复杂系统 / 涌现行为

- Epstein, Joshua M., and Robert Axtell. *Growing Artificial Societies: Social Science from the Bottom Up*. Washington, DC: Brookings Institution Press, 1996.
- Hofstadter, Douglas R. *Gödel, Escher, Bach: An Eternal Golden Braid* (20th Anniversary ed.). New York: Basic Books, 1999.
- Holland, John H. "Complex Adaptive Systems." *Daedalus* 121, no. 1 (1992): 17–30.
- Mina, Ali A., Dan Braha, and Yaneer Bar-Yam. "Complex Engineered Systems: A New Paradigm." In *Complex Engineered Systems: Science Meets Technology*, edited by Dan Braha, Ali A. Minai, and Yaneer Bar-Yam, 1–21. Berlin: Springer, 2006.

其他

- E. W. Dijkstra, "A Note on Two Problems in Connexion with Graphs," *Numerische Mathematik* 1, no. 1 (December 1, 1959): pp. 269–271.

推荐阅读

架构真经：互联网技术架构的设计原则（原书第2版）

作者：（美）马丁 L. 阿伯特 等 ISBN：978-7-111-56388-4 定价：79.00元

《架构即未来》姊妹篇，系统阐释50条支持企业高速增长的有效而且易用的架构原则
唐彬、向江旭、段念、吴华鹏、张瑞海、韩军、程炳皓、张云泉、李大学、霍泰稳　联袂力荐

推荐阅读
架构师书库

实用软件架构：从系统环境到软件部署
作者：蒂拉克·米特拉 著 ISBN：978-7-111-55026-6 定价：79.00元

系统架构：复杂系统的产品设计与开发
作者：爱德华·克劳利 等 ISBN：978-7-111-55143-0 定价：119.00元

DevOps：软件架构师行动指南
作者：伦恩·拜斯 ISBN：978-7-111-56261-0 定价：69.00元

软件架构
作者：穆拉德·沙巴纳·奥萨拉赫 ISBN：978-7-111-54264-3 定价：59.00元

软件架构师的12项修炼：技术技能篇
作者：戴维·亨德里克森 ISBN：978-7-111-50698-0 定价：59.00元

软件架构师的12项修炼
作者：戴维·亨德里克森 ISBN：978-7-111-37860-0 定价：59.00元

推荐阅读

架构即未来：现代企业可扩展的Web架构、流程和组织（原书第2版）

作者：马丁 L. 阿伯特 等 ISBN：978-7-111-53264-4 定价：99.00元

互联网技术管理与架构设计的"孙子兵法"
跨越横亘在当代商业增长和企业IT系统架构之间的鸿沟
有胆识的商业高层人士必读经典
李大学、余晨、唐毅 亲笔作序 涂子沛、段念、唐彬等 联合力荐

任何一个持续成长的公司最终都需要解决系统、组织和流程的扩展性问题。本书汇聚了作者从eBay、VISA、Salesforce.com到Apple超过30年的丰富经验，全面阐释了经过验证的信息技术扩展方法，对所需要掌握的产品和服务的平滑扩展做了详尽的论述，并在第1版的基础上更新了扩展的策略、技术和案例。

针对技术和非技术的决策者，马丁·阿伯特和迈克尔·费舍尔详尽地介绍了影响扩展性的各个方面，包括架构、过程、组织和技术。通过阅读本书，你可以学习到以最大化敏捷性和扩展性来优化组织机构的新策略，以及对云计算（IaaS/PaaS）、NoSQL、DevOps和业务指标等的新见解。而且利用其中的工具和建议，你可以系统化地清除扩展性道路上的障碍，在技术和业务上取得前所未有的成功。